O HOMEM
QUE DEUS USA

O HOMEM
QUE DEUS USA

Nada mais trágico do que chegar ao fim da vida e saber que tomamos o caminho errado.

A. W. TOZER | C. H. SPURGEON | WATCHMAN NEE
STEPHEN KAUNG | C. A. COATES | T. AUSTIN-SPARKS

© 2000 Editora dos Clássicos
Publicado no Brasil com a devida autorização
e todos os direitos reservados por Publicações Pão Diário
em coedição com Editora dos Clássicos.

Tradução: Délcio Meireles, Alessandra S. Mendes, Francisco Nunes
Revisão: Francisco Nunes, Alessandra Schmitt Mendes
Capa: Wesley Mendonça
Diagramação: José Murad Badur
Editor/Projeto: Gerson Lima

Dados Internacionais de Catalogação na Publicação (CIP)

A. W. Tozer ... [et al.]
O homem que Deus usa
Tradução: Délcio Meireles, Alessandra S. Mendes, Francisco Nunes
Curitiba/PR, Publicações Pão Diário e São Paulo/SP, Editora dos Clássicos.

| 1. Deus | 2. Jesus Cristo | 3. Espírito Santo | 4. Adoração |
| 5. Sofrimento | 6. Caminho | 7. Fé | |

Proibida a reprodução total ou parcial, sem prévia autorização, por escrito, da editora.
Todos os direitos reservados e protegidos pela Lei 9.610 de 19/02/1998.
Permissão para reprodução: permissao@paodiario.org

Publicações Pão Diário
Caixa Postal 4190,
82501-970 Curitiba/PR, Brasil
publicacoes@paodiario.org
www.publicacoespaodiario.com.br
Telefone: (41) 3257-4028

Editora dos Clássicos
www.editoradosclassicos.com.br
contato@editoradosclassicos.com.br
Telefones: (19) 3217-7089
(19) 3389-1368

Código: TF651
ISBN: 978-1-68043-679-2

3.ª impressão: 2022

Impresso no Brasil

SUMÁRIO

Prefácio à 2ª Edição 7

Vida de Entrega Total. 11
    Stephen Kaung

Satanás Considera o Servo que Deus Usa 35
    Charles Spurgeon

O Poder da Pressão 63
    Watchman Nee

Servo de Verdade 91
    C. A. Coates

Não se Escandalize com o Senhor 101
    T. Austin-Sparks

A Comunhão dos Seus Sofrimentos 119
    T. Austin-Sparks

O Homem que Deus Usa 133
    Herbert L. Roush

O Chamado de Deus 151
    Watchman Nee

Chamado do Alto 163
    Autor Desconhecido

Precisamos de Homens de Deus Novamente 169
    A. W. Tozer

Torna-me um Cativo, Senhor 177
    George Matheson

As citações bíblicas usadas são da Versão Revista e Atualizada de João Ferreira de Almeida, 2ª edição, da Sociedade Bíblica do Brasil, salvo quando indicado pelas abreviaturas:

BJ: Bíblia de Jerusalém

NVI: Nova Versão Internacional

ARC: Versão Revista e Corrigida de Almeida

IBB: Versão Revisada da Imprensa Bíblica Brasileira

EC: Edição Contemporânea de Almeida

lit.: tradução literal

gr.: grego

hb.: hebraico

Quando não houver outra indicação, as notas de rodapé e os acréscimos entre colchetes são da edição brasileira.

PREFÁCIO À 2ª EDIÇÃO

Uma das evidências de um verdadeiro nascido do alto é o desejo de ser usado por Aquele que nos amou incondicionalmente. No entanto, que caminho devemos tomar para sermos usados por Deus?

De certa forma, o clericalismo segregou o conceito simples de homem que Deus usa e o atribuiu a uma classe minoritária de privilegiados. Em contrapartida, o liberalismo o banalizou e o franqueou inclusive a neófitos e a profanos que evocam essa atribuição. As ondas do secularismo têm empurrado o cristianismo para longe da fé bíblica e cristocêntrica e o tornado em uma religião com viés contemporâneo, desassociada de seus valores e propósito primitivos.

Para os que amam as Escrituras e desejam servir no ministério, o risco é ser seduzido pelo academicismo, enquanto para os mais inclinados aos serviços práticos e "proféticos" a sedução é o misticismo exacerbado e o analfabetismo teológico.

No entanto, assim como Elias e Eliseu não foram produzidos pela escola de profetas, notáveis homens que Deus tem usado vieram do "anonimato" e não tiveram educação teológica formal, tais como A. W. Tozer e T. Austin-Sparks, considerados profetas de maior projeção no século 20.

Os seminários têm seu lugar, mas nossos labores serão como palha ao fogo se não formos alistados na escola de Cristo, "(...) onde Cristo é a grande lição e o Espírito Santo o grande Mestre; (...) onde o ensino não é sobre coisas, mas uma obra interior na qual Cristo faz parte da nossa experiência – esta é a natureza desta Escola" (T. Austin-Sparks).

Preocupados com a nova geração dos que desejam servir ao Senhor e em encorajar os que já lançaram mão do arado, esta obra – em sua segunda edição, revista e ampliada – visa descortinar os bastidores do treinamento daqueles que tiveram ministérios ungidos e frutíferos. Longe de serem métodos, trata-se de princípios e conselhos adquiridos por anciãos que trilharam o caminho salpicado de sangue em sua inegociável missão de conhecer e seguir o Crucificado.

O *Homem que Deus Usa* é uma coletânea de mensagens selecionadas que formam uma impressionante unidade, revelando o caminho estreito a ser percorrido por aqueles que desejam conhecer ao Senhor em profundidade e serem usados por Ele, bem como os perigos e dificuldades que serão encontrados. Essas mensagens, tais como as pedras preciosas, são resultado de extremo calor e pressão a que seus autores foram submetidos, tornando-se, assim, verdadeiros tesouros espirituais.

Para Stephen Kaung, esse caminho começa com *Vida de Entrega Total* e, como resultado, Spurgeon nos adverte que *Satanás Considera o Servo que Deus Usa*. Watchman Nee mostra-nos os benefícios do *Poder da Pressão*. Por que Deus permite isso? Segundo C. A. Coates, para fazer-nos *Servos de Verdade*, migrando da superficialidade espiritual para vivermos para Sua satisfação, como homens que se alegrem em ser nada.

Nesse ponto, T. Austin-Sparks fortemente nos adverte: *Não se Escandalize com o Senhor* pela disciplina misteriosa com que Ele, certamente, trata Seus discípulos, por Sua aparente indiferença em meio a dor e sofrimento. Antes, veja como privilégio participar da *Comunhão dos Seus Sofrimentos*. A tentação será desistir e tornar-nos inúteis para Deus. No entanto, sob a pena poética, tal como preciso bisturi, de Herb L. Roush compreenderemos um pouco do que é viver sob a bigorna da providência divina do *Homem que Deus Usa*.

Um Autor Desconhecido nos encorajará amorosamente a trilhar um nível mais alto do *Chamamento Celestial*, sob a tutoria do Espírito Santo – para sermos semelhantes ao Crucificado. Então, encontraremos com o profeta A. W. Tozer, rugindo como leão, que não nos deixará sossegar, pois nos adverte fortemente quanto à lastimável situação da Igreja e nos convoca a unir-nos com seu clamor: *"Precisamos de Homens de Deus Novamente!* (...) Precisamos de um reavivamento".

Por fim, um pregador cego, George Matheson, nos ensinará a render-nos por completo ao Amado, a ponto de nossa oração se transformar em adoração, com o cântico clássico: *"Torna-me um cativo, Senhor!"*.

Ingressemos, por Sua graça e misericórdia, na escola do Crucificado. Afinal, "... só temos uma vida para viver, e nada poderia ser mais trágico do que chegar ao fim dela sabendo que o caminho que tomamos foi o errado" (Watchman Nee).

Gerson Lima

Monte Mor, SP, início de maio de 2016

VIDA DE ENTREGA TOTAL

Stephen Kaung

Stephen Kaung nasceu na China e se converteu a Cristo ainda muito jovem. Ele conheceu Watchman Nee no início da década de 1930 e se tornou um coobreiro com ele na obra do Senhor. Em 1952, mudou-se para os Estados Unidos, e hoje, com a idade de 100 anos, continua a compartilhar Cristo com o povo de Deus em todo o mundo, bem como a traduzir e publicar as mensagens de Watchman Nee. Ele ainda é um grande encorajamento para todos por onde quer que ministra, demonstrando que "já não sou eu que vivo, é Cristo que vive em mim".

Dentre os seus preciosos livros, Chamados à Comunhão de Seu Filho e a Série Espiritualidade foram publicados por esta editora.

Traduzido da mensagem *The Life of Abandonment*, ministrada em inglês em 8 de novembro de 1981.

Transcrito, traduzido e editado da fita de áudio SK1237 publicada por:

Christian Testimony Ministry:
4424 Huguenot Rd.
Richmond, VA 23235

© 1981 Christian Testimony Ministry

© 2000 Editora dos Clássicos

Transcrição e tradução: Délcio Meireles

"... a si mesmo se esvaziou, assumindo a forma de servo..."
(Filipenses 2.7).

"Não que eu procure o donativo, mas o que realmente me interessa é o fruto que aumente o vosso crédito"
(Filipenses 4.17).

"SENHOR, não é soberbo o meu coração, nem altivo o meu olhar; não ando à procura de grandes coisas, nem de coisas maravilhosas demais para mim. Pelo contrário, fiz calar e sossegar a minha alma; como a criança desmamada se aquieta nos braços de sua mãe, como essa criança é a minha alma para comigo. Espera, ó Israel, no SENHOR, desde agora e para sempre" (Salmos 131).

Gostaria de compartilhar algo que acredito ser emancipador, libertador e poderoso: Entrega Total a Deus. Isso pode ser uma surpresa para você, mas não existe nada no mundo que traga maior libertação do que uma entrega total a Deus. Não existe vida mais poderosa do que a vida de entrega total.

É muito difícil, é verdade, fazer uma entrega de nós mesmos. É difícil para nós abandonarmos coisas que temos, quanto mais deve ser entregar-nos a nós mesmos! Como nos apegamos a nós mesmos! Temos medo de nos perder! Pensamos que se perdemos a nós mesmos, perdemos tudo! Do ponto de vista da carne, isso é verdade, mas quanto ao Espírito é o oposto. A menos que saibamos como nos entregar a Deus, não poderemos entrar na vida que Ele preparou para que vivêssemos.

O SENHOR JESUS

Creio que todos desejamos ser verdadeiros discípulos de Cristo: queremos seguir o Senhor e estar onde Ele está; queremos viver como Ele viveu. Mas qual é a vida do nosso Mestre? Se você puder ver a vida do Senhor Jesus, descobrirá que a vida d'Ele foi uma vida de entrega total, uma vida totalmente entregue a Deus.

Estamos familiarizados com a passagem de Filipenses 2, que diz que o Senhor Jesus era igual a Deus, mas não considerou isso como algo a que devesse se agarrar. Por ser o Filho eterno de Deus, Ele é igual a Deus desde a eternidade; no entanto, Ele se esvaziou. Ele desistiu de Seus direitos como Deus; Ele desistiu de Si mesmo. Ele tomou a forma de escravo, a semelhança de homem, humilhou-Se a Si mesmo, sendo obediente a Deus, Seu Pai, até a morte e morte na cruz (vv. 6-8). A entrega do Senhor Jesus a Deus Pai foi total! Durante toda a Sua vida, Ele nunca exigiu Seus direitos. Ele disse: "Nada posso fazer por Mim mesmo, a não ser aquilo que o Pai estiver fazendo. Não posso dizer nada por Mim mesmo, senão o que ouvi de Meu Pai" (Jo 8.28; 14.10). Vemos que, em toda a Sua vida, Ele entregou ao Pai Sua liberdade, Seus direitos, Suas razões. Cristo entregou todo o Seu ser a Deus e deixou que Deus tivesse tudo d'Ele.

Essa é a vida do nosso Senhor Jesus. E que vida maravilhosa é essa! Em Sua vida não existe preocupação, tensão, hesitação, reservas. É uma vida livre. Ele está acima de qualquer tentação, porque se entregou completamente a Deus. É uma vida tão poderosa que venceu não apenas o pecado, mas também o Inimigo dos séculos. É uma vida muitíssimo linda, cheia de glória e caracterizada por uma coisa: a entrega absoluta de Si mesmo!

ENTREGA A DEUS NÃO É FATALISMO

A entrega a Deus é bem diferente do fatalismo, que é passivo, revelado por frases como: "Se isso é vontade de Deus, que posso eu fazer?". Assim, as pessoas simplesmente se submetem ao destino. Isso é passividade e não é o ensinamento da Escritura. A entrega a Deus é algo bastante positivo, pois se trata de entregarmos a nós mesmos a Deus de tal modo a capacitá-lO a cumprir Sua vontade em nós. Se não nos entregamos a Deus, Ele não tem como realizar Sua vontade, Seu propósito em nossa vida. A única maneira de Deus operar Sua vontade em nós é por meio de nossa entrega total a Ele. Isso não significa apenas entregar coisas, mas desistir de nós mesmos, e não é apenas desistir, mas é entregar-nos a Ele.

Se lermos a vida dos santos, conforme os registros do Antigo e do Novo Testamento, veremos que existe uma característica comum a todos eles. Em todos aqueles que receberam testemunho da parte de Deus vemos isto: a entrega de si mesmos a Deus. Vejamos alguns exemplos.

O PATRIARCA JÓ

Jó era um homem perfeito e íntegro, que temia a Deus e se afastava do mal (1.1). Um dia, os filhos de Deus, os anjos, se reuniram diante d'Ele, e Satanás se apresentou no meio deles. Deus, então, desafiou a Satanás e lhe disse: "O que você tem feito esses dias?". Sabe o que ele respondeu? "Tenho andado e rodeado a terra." Ele é um viajante mundial. Ele viaja, andando e rodeando a terra inteira. Mas ele não é um turista. Todas as suas viagens têm um propósito perverso. Deus, então, lhe disse: "Observaste meu servo Jó, que é perfeito e íntegro, que teme a Deus e se afasta de todo mal? Você já o observou?" (vv. 6-8). Certamente Satanás o havia observado! De todas as pessoas que existem no mundo, nenhuma delas foi mais cuidadosamente observada por Satanás do que Jó, que era como um alimento muito nutritivo, e Satanás queria devorá-lo. Que homem bom era Jó! Satanás o observou atentamente, mas não encontrou maneira de atacá-lo.

Sempre imagino se Deus poderia me usar para desafiar Seu adversário. Eu não sou digno. Deus não pode me usar para desafiar Satanás. Deus pode usar você para desafiar Seu adversário? Mas Ele pôde usar Jó para desafiar Seu inimigo e opositor.

Oh, quão sutil foi Satanás. Ele disse a Deus: "São muitos os motivos para Jó temer a Ti; Tu puseste uma cerca ao redor dele". Satanás tentou chegar a Jó por todos os lados, mas descobriu que havia uma cerca ao redor daquele homem impedindo sua entrada. Por isso, disse: "Tu colocaste uma cerca ao redor dele e o protegeste; Tu abençoaste o trabalho de suas mãos fazendo-o prosperar; quem não Te temerá? Jó não Te teme; ele só quer Tua bênção. Se tirares todas essas coisas dele, ele Te amaldiçoará!". Deus disse: "Está bem! Aceito o desafio. Você pode fazer o que desejar com ele, mas não toque em sua vida" (vv. 9-12).

1. JÓ PERDE OS FILHOS E OS BENS (VV. 13-19)

Imediatamente, Satanás saiu e, num só dia, destruiu tudo o que Jó possuía. Não apenas suas propriedades, pois ele era um homem rico, mas todos os seus filhos foram tirados. Jó se levantou, rasgou as vestes, rapou a cabeça e adorou a Deus. Jó experimentou grande dor no coração e sofreu muito e, ainda assim, adorou a Deus. Ele disse: "Nu saí do ventre de minha mãe e nu voltarei; o SENHOR o deu e o Senhor o tomou; bendito seja o nome do SENHOR!" (v. 21). Ele foi um homem que se entregou totalmente a Deus!

2. JÓ PERDE A SAÚDE (2.1-7)

Certo dia, depois de isso acontecer, os anjos novamente se reuniram diante d'Ele e Satanás também. Deus novamente desafia a Satanás e lhe diz: "Você fez o que pediu; o que aconteceu?". Oh, quão sutil foi Satanás. Ele disse: "Pele por pele, e tudo quanto o homem tem dará pela sua vida. Estende, porém, a mão, toca-lhe nos ossos e na carne e verás se não blasfema contra ti na tua face" (vv. 4-5). Deus disse: "Está bem. Você pode tocar no corpo de Jó, mas não pode tirar sua vida". Imediatamente, Satanás saiu e feriu todo o corpo de Jó com úlceras. Jó se assentou num monte de cinzas e com um pedaço de telha raspava as feridas. Até sua esposa veio e lhe disse: "Amaldiçoa a Deus e morre". Jó disse: "Não! Se recebemos de Deus o que é bom, não poderíamos receber d'Ele o que é ruim?" (v. 10). Em tudo isso ele não pecou. Jó era um homem totalmente entregue a Deus!

3. JÓ E A FORTALEZA DO EGO

Mas a entrega não foi fácil. Jó era forte diante dos seus inimigos, mas quando foi cercado por seus amigos, revelou-se ainda mais forte e sua entrega a Deus não foi total. Quando seus amigos vieram confortá-lo, acabaram discutindo com ele. Então, encontramos Jó dizendo: "A verdade que é que ainda que Deus me mate, ainda assim crerei n'Ele. Mas eu exijo uma audiência; quero uma explicação. Não entendo por que tais coisas me acontecem. Estou pronto a morrer e não abandonarei minha fé, mas exijo uma audiência e uma explicação!" (13.3; 18-22; 23.2-5). Essa é a atitude de uma pessoa que havia se entregado totalmente a Deus? Se você está totalmente entregue a Deus, não pede explicações: Deus mesmo é sua explicação.

4. JÓ RECEBE TUDO DE VOLTA EM DOBRO (42.10-17)

Quando chegamos ao final do livro, vemos que Jó, por meio da prova, entrou no espírito da entrega total a Deus.

Ouça o que ele diz ao Senhor: "Bem sei que tudo podes, e nenhum dos teus planos pode ser frustrado. Quem é aquele, como disseste, que sem conhecimento encobre o conselho? Na verdade, falei do que não entendia; coisas maravilhosas demais para mim, coisas que eu não conhecia. Escuta-me, pois, havias dito, e eu falarei; eu te perguntarei, e tu me ensinarás. Eu te conhecia só de ouvir, mas agora os meus olhos te veem. Por isso, me abomino e me arrependo no pó e na cinza" (vv. 2-6). E quando atingiu aquele ponto, Jó entrou definitivamente no espírito da entrega total. Ele nem mesmo pediu a Deus uma explicação – ele estava satisfeito com Deus. Isso é entrega total! Então, Deus deu a Jó uma bênção em porção dobrada (v. 10).

O PATRIARCA ABRAÃO

Leia a vida de Abraão e você verá que ele foi chamado a fazer "entregas" a vida toda. Que é fé? Fé é a entrega de si mesmo a Deus e a confiança em Deus em todos os aspectos. Isso é fé. Uma vida de fé é uma vida de entrega a Deus e, consequuentemente, uma vida em que Deus ocupa o lugar principal, em substituição a quaisquer outras coisas.

Quando Abraão estava em Ur dos caldeus, Deus o chamou para deixar seu país e seus parentes e se dirigir ao lugar que lhe mostraria. Abraão respondeu com fé; pela fé ele deixou seu lugar nativo e sua parentela. Ele saiu de Ur e ficou em Harã por alguns anos, até Deus levar seu pai. Novamente, Deus lhe apareceu e o chamou, e ele deixou Harã. Depois de chegar à Terra

Prometida, encontrou um tempo de fome e desceu ao Egito em busca de alimento. Novamente, Deus o chamou, para sair do Egito, e ele saiu de lá com riquezas. Ele e seu sobrinho Ló tinham tanto gado que não podiam ficar no mesmo lugar de pasto. Os pastores de ambos começaram a discutir, e Abraão teve de pedir a Ló que partisse, deixando que o sobrinho escolhesse para que lado gostaria de ir. Abraão teve de abandonar Ló (Gn 12 – 13).

Enquanto peregrinava na Terra Prometida, Abraão ainda não tinha filhos. Deus havia prometido dar-lhe descendentes como o pó da terra e as estrelas do céu (13.16; 15.5). Finalmente, ele gerou Ismael, de Hagar, escrava egípcia de sua esposa. Ele amava Ismael, mas, mesmo assim, teve de abandoná-lo, pois Deus lhe ordenou: "Deixa Ismael ir" (16.1-11; 21.8-10).

Finalmente, Deus lhe deu Isaque, seu filho com Sara, o filho da promessa. Todas as promessas de Deus estavam centralizadas naquele filho. Surpreendentemente, em Gênesis 22 lemos que Deus chamou Abraão e o provou, dizendo: "Abraão, vá ao monte Moriá, que fica a três dias de viagem daqui, e ofereça teu filho, teu filho único e amado, Isaque, como holocausto" (vv. 1-2). O holocausto era uma oferta totalmente para Deus; dele não sobrava nada, a não ser cinzas. Então, Abraão, sem qualquer hesitação, levantou-se bem cedinho e pôs-se a viajar com seu filho. Ele viajou três dias, teve bastante tempo para pensar e ponderar, mas ainda assim não voltou atrás. Ele foi ao monte Moriá, edificou um altar, amarrou o filho e tomou a faca para sacrificá-lo. Somente nesse momento, Deus mandou-o parar (vv. 3-12). Isso é entrega total a Deus!

O PATRIARCA JACÓ

Contrastando com Abraão, temos a vida de Jacó. Ao nascer, ele segurava o calcanhar de seu irmão, pois queria nascer primeiro. Ele era um suplantador, "aquele que segura o calcanhar" (25.26). Durante toda a vida, ele tentou agarrar coisas com as mãos. Ele enganou seu irmão em relação à primogenitura e enganou o pai, e recebeu, por isso, as bênçãos que eram direito do primogênito (25.27-34; 27.1-29). Posteriormente, ele foi astuto com o sogro e conseguiu grande parte das riquezas dele, tentou subornar seu irmão Esaú e fez planos para salvar a família (30.37-43; 31.3-21). Durante toda a vida, ele tentou agarrar tudo para si mesmo. Se há alguém que se apega tanto a coisas para si mesmo, esse é Jacó. Mas Deus, por trás de todas essas situações, estava tratando-o para que ele se entregasse, mas ele não queria fazê-lo. Em Peniel, por fim, ele lutou com o Anjo do Senhor a noite inteira e prevaleceu, até que o Anjo tocou em sua coxa, deixando-o coxo (32.22-31). Foi naquele momento que ele se entregou a Deus. E que bênção ele se tornou! Em seus últimos dias de vida, ele até mesmo abençoou a Faraó, o maior rei do mundo naquela época (47.7). Deus estava operando em sua vida visando àquela entrega total. Era isso que Deus buscava em Jacó.

Vejamos agora alguns exemplos também no Novo Testamento.

MARIA, MÃE DE JESUS

Pensemos em Maria, a mãe de Jesus. Em Lucas 1, quando o anjo apareceu e disse a ela: "Eis que conceberás e darás à luz um filho. (...) Este será grande e será chamado Filho do Altíssimo" (vv. 31-32), sabe o que Maria disse? "Aqui está a serva do Senhor; que se cumpra em mim conforme a tua palavra" (v. 38). Se compreendemos a situação, concordaremos que não foi fácil aceitar aquilo pelo fato de ela ser uma virgem. Ela estava prometida a José, de quem era noiva. Se ela concebesse e desse à luz um filho, o que diriam as pessoas? Ninguém entenderia, pois tal coisa nunca havia acontecido antes. Todos certamente diriam que ela cometeu fornicação antes de casar. Nesse caso, segundo a lei de Moisés, seu noivo, José, deveria ser o primeiro a apedrejá-la. Ela iria perder, não apenas seu nome, mas a própria vida. Tudo estaria perdido! Mas aqui temos uma irmã absolutamente entregue a Deus! Ela disse: "Sou apenas uma escrava de Deus. Faça o que desejares, o que decidiste". Ela não pensava em si mesma, mas apenas no que era de Deus.

JOSÉ, MARIDO DE MARIA

Geralmente, pensamos em Maria e esquecemos de José. Na verdade, aquela situação era tão difícil para José como para Maria. Ele era um homem justo; por isso, ao tomar conhecimento do fato, tentou contornar a lei, a fim de não expor Maria nem ter de matá-la. Assim, tentou achar um meio secreto de se divorciar dela, de deixá-la ir. Ele não queria mais casar com ela, a despeito do quanto a amava. Mas quando um anjo lhe apareceu num sonho e lhe disse que aquela criança fora gerada pelo Espírito Santo em Maria, José a recebeu e a protegeu até a criança nascer (Mt 1.19-24). Isso é entrega total ao Senhor.

JOÃO BATISTA, O PRECURSOR

João estava na prisão e enviou seus discípulos ao Senhor dizendo: "Senhor, Tu és Aquele que havia de vir ou devemos esperar outra pessoa?" (Mt 11.2-3). Isso não quer dizer que a fé de João tenha falhado, pois ele mesmo testemunhou de Jesus dizendo: "Eis o Cordeiro de Deus, que tira o pecado do mundo" (Jo 1.29). Ele viu o Espírito Santo descer sobre Jesus e Deus dizer que Jesus era Seu Filho amado (Mt 3.16-17). Portanto, João não estava duvidando, mas enviou aquele recado como que dizendo: "Tu libertas os presos, abres os olhos dos cegos, ressuscitas os mortos: por que me deixas na prisão sem fazer nada por mim?". E o Senhor mandou dizer-lhe: "Aquele que não tropeça em mim é bem-aventurado" (11.6). É como se Ele houvesse dito: "João, eu não vou fazer o que você pede, mas vou deixá-lo aí. Você vai ficar ofendido? Se você não se ofender, você é bem-aventurado". E João Batista não se ofendeu; antes, entregou a própria cabeça por causa disso.

PEDRO, O APÓSTOLO

Herodes havia matado Tiago e viu que o povo se alegrou com isso. Por essa razão, prendeu Pedro na época da festa dos pães asmos. Ele pôs Pedro na prisão, esperando matá-lo depois dessa festa que durava sete dias (At 12.1-4). Pedro ficou na prisão aquele tempo e, na noite anterior ao dia em que seria decapitado, algo aconteceu. Se eu fosse Pedro e estivesse na prisão por sete dias e soubesse que no dia seguinte eu seria tirado dali para ser decapitado, você acha que eu teria condições de dormir? Se eu não estivesse murmurando, eu estaria orando. Mas vemos que Pedro estava dormindo profundamente. O sono era tão profundo que mesmo depois de o anjo tê-lo tirado da prisão, ele imaginava estar sonhando (vv. 6-9). Que sono profundo deve ter sido! Como um homem podia dormir tão profundamente sabendo que no dia seguinte seria decapitado? Isso é sinal de entrega total a Deus! Pedro havia entregue a si mesmo completamente a Deus.

PAULO, O APÓSTOLO

Pensemos também em Paulo. Ele escreveu a segunda carta a Timóteo logo antes de ser martirizado. E quão triunfante essa carta é! Paulo disse: "Combati o bom combate, completei a carreira, guardei a fé. Já agora a coroa da justiça me está guardada (...) e não somente a mim, mas também a todos quantos amam a sua vinda" (4.7-8). Como explicar isso? Somente a entrega total a Deus pode explicar.

DEUS NOS CONVIDA A ENTREGAR-NOS!

Você compreende que esse é o tipo de vida para o qual Deus está nos chamando? Esse é o tipo de vida que o Senhor Jesus Cristo viveu. Esse é o tipo de vida que viveram aqueles de quem Deus testemunhou. Todos eles entraram nessa vida de autoentrega. Eles se entregaram ao Senhor completamente. Isso não é algo passivo, mas é muito positivo, pois por meio da autoentrega Deus pôde fazer o que desejou com aquelas vidas.

MARGARET BARBER: A MISSIONÁRIA NA CHINA

Muitos sabem que o irmão Watchman Nee, quando era bem jovem, foi grandemente ajudado por uma irmã de nome Margaret E. Barber. Ela tinha um caráter muito forte; não era uma pessoa de personalidade fraca. Tinha opiniões determinadas. Um dia, o irmão Nee ouviu-a orar assim (naquela ocasião ela tinha uma controvérsia com Deus, pois Ele estava exigindo algo dela, mas ela tentava apresentar suas razões em relação ao assunto): "Senhor, eu confesso que não gosto disso, mas, por favor, Senhor, não se dobre a mim. Espere um pouco e certamente eu vou me render a Ti". Ela não estava disposta a se submeter naquela ocasião, mas pediu ao Senhor que não desistisse dela, que esperasse e ela se submeteria.

Essa atitude de autoentrega não é natural para ninguém, para o velho homem. Para nós não é fácil nem mesmo entregar coisas, quanto mais entregar a nós mesmos. Pensamos que se nos entregarmos, isso será o fim! Mas lembre-se: é entregar-se a Deus! Isso não é o fim, mas é o princípio. A razão por que Deus não pode fazer conosco o que deseja, por que não pode trabalhar conosco conforme Seu desejo, é porque não estamos dispostos a entregar-nos a Ele. Agarramo-nos a nós mesmos, agarramo-nos às coisas; não permitimos que elas se vão. Por agirmos assim, que tipo de vida temos? Preocupamo-nos o tempo todo, ficamos ansiosos, lutamos, esforçamo-nos sem ter qualquer descanso, paz ou alegria. É essa a vida que desejamos viver ou a vida que Deus tem para nós, Seus filhos?

POR QUE NÃO NOS ENTREGAMOS?

INCREDULIDADE

Por que não nos entregamos a Deus? Penso que a razão disso é a incredulidade. Em Hebreus 3.12 lemos: "Tende cuidado, irmãos, jamais aconteça haver em qualquer de vós perverso coração de incredulidade que vos afaste do Deus vivo". Nosso Deus é um Deus vivo, mas nos afastamos d'Ele porque não cremos. Muitas vezes, cremos em nós mesmos, cremos que se as coisas estivessem em nossas mãos, elas seriam mais bem administradas; pensamos que se segurarmos nossa vida com nossas mãos, ficaremos mais seguros com respeito a ela. Com isso, limitamos Deus com nossas limitações, pois pensamos que se nós não podemos fazer, Deus também não pode. Não confiamos n'Ele, não cremos n'Ele. Isso é incredulidade.

O maior pecado que podemos cometer é o pecado da incredulidade. Segundo entendo, o pecado mencionado em Hebreus 12.1 é a incredulidade: "Desambaraçando-nos (...) do pecado que tenazmente nos assedia". (A palavra "assedia", no grego, tem a ideia de emaranhar, enredar.) Que pecado é esse? É o pecado da incredulidade. Não cremos no Senhor, por isso não nos entregamos a Ele. Que o Senhor nos livre dessa incredulidade. Como podemos entregar-nos a Deus? Creio que existem três princípios relacionados a isso:

CONSIDERAR

Considerar o quê? Hebreus 3.1 diz: "Considerai atentamente o Apóstolo e Sumo Sacerdote da nossa confissão, Jesus". O motivo pelo qual não nos entregamos ao Senhor é porque não O consideramos. Consideramos a nós mesmos, nossas circunstâncias, os outros, e quando consideramos tudo isso, mas não ao Senhor, descobrimos que estamos mais e mais emaranhados, agarrando a tudo cada vez com mais força. Mas se aprendermos a considerar a Ele, o Autor e Consumador da nossa fé (12.1), se nós apenas O virmos, se virmos Aquele que é invisível, então todas essas coisas visíveis não permanecerão em nosso caminho. Nosso problema é que vemos todas as coisas visíveis, e elas nos cegam, não nos permitindo ver Aquele que é invisível. Quando Jó viu a Deus, quando a glória de Deus lhe apareceu, ele disse: "Agora os meus olhos Te veem". Logo que viu, ele se entregou completamente a Deus. Não havia mais perguntas nem necessidade de explicações, porque o próprio Deus é a explicação.

Abraão foi capaz de entregar, entregar e entregar, e essa vida de entrega tornou-se cada vez mais profunda. E quando se tornava progressivamente mais profunda, ela se tornava também cada vez mais elevada. A razão é que o Senhor da glória lhe aparecera. O mesmo ocorreu com Moisés, que foi capaz de desprezar as riquezas do Egito – riquezas que podem ser comparadas com as dos Estados Unidos hoje – e estava disposto a carregar o vitupério de Cristo com seus irmãos escravos.
Ele não temeu a Faraó, pois viu Aquele que é invisível (11.24-26).

O que precisamos é ver o Senhor e considerá-lO! Nosso problema é que falamos muito sobre Ele, ouvimos muito sobre Ele; mas será que O vemos na mesma proporção? Quando O consideramos e vemos em nosso espírito Aquele que é invisível, não há nada mais lógico, mais racional, mais fácil do que entregarnos a Ele! Não fazer isso será tolice. Mas isso não é algo que podemos fazer por convencer-nos a nós mesmos que devemos nos entregar. Você precisa considerá-lO e vê-lO! Uma visão d'Ele é tudo de que você precisa, e todas as coisas cairão por terra, sem importância. Entregue-se a Ele!

SER CONSTRANGIDOS PELO AMOR

"Pois o amor de Cristo nos constrange, julgando nós isto: um morreu por todos; logo, todos morreram. E ele morreu por todos, para que os que vivem não vivam mais para si mesmos, mas para aquele que por eles morreu e ressuscitou" (2 Co 5.14-15).

Como precisamos ser constrangidos pelo amor de Cristo! Na vida cristã, o sentimento de obrigação não é suficiente, pois ela não sustenta a vida cristã. A vida cristã é vivida na esfera e na atmosfera do amor. A menos que sejamos constrangidos pelo amor de Cristo, não seremos capazes de nos entregar a Ele. Você pode até dar a Ele alguma coisa, mas se não for motivado pelo amor, nunca poderá entregar-se ao Senhor! O motivo que levou Cristo a morrer na cruz foi o amor, não foi obrigação. Isso não foi exigido d'Ele, mas o amor O constrangeu a fazer o que fez! Precisamos ser constrangidos pelo amor de Cristo! Sempre que perdemos nosso primeiro amor, tudo se torna exterior, superficial, rotineiro. Perde todo o valor espiritual. Precisamos ser constrangidos pelo amor de Cristo!

DEVEMOS CALAR E SOSSEGAR

Em Salmos 131.2, está escrito: "Fiz calar e sossegar a minha alma; como a criança desmamada se aquieta nos braços de sua mãe, como essa criança é a minha alma para comigo". Eu gosto do salmo 131, pois é um lindo salmo. Mas ele é um salmo incomum; é sobrenatural. Ele começa assim: "SENHOR, não é soberbo o meu coração, nem altivo o meu olhar; não ando à procura de grandes coisas, nem de coisas maravilhosas demais para mim" (v. 1). Isso não é natural. O que é natural é nosso coração ser soberbo, nossos olhos serem altivos, exercitarmo-nos em grandes assuntos e em coisas maravilhosas demais para nós. Isso é natural! Não importa quem sejamos! Não importa o que sejamos! Mesmo o homem mais humilde do mundo, o mais pobre, o mais iletrado, naturalmente o coração dele é soberbo. Não diga que você é humilde. Nosso coração é tão ímpio a ponto de nos enganar sobre isso. Só Deus nos conhece realmente, e Ele sabe que nosso coração é soberbo, nossos olhos, altivos, e que todos gostamos de lidar com assuntos maravilhosos demais para nós e com grandes assuntos. É isso que somos.

Como pode, então, o salmista declarar que seu coração não é soberbo, seus olhos não são altivos, nem se exercita em grandes assuntos e em coisas maravilhosas demais para ele? Como ele chegou a esse ponto? O segredo está no versículo dois: "Fiz calar e sossegar a minha alma". Essa é a resposta. Como pode o coração dele não ser soberbo nem seus olhos, altivos? Como ele não se exercita em grandes assuntos e em coisas demasiadamente maravilhosas para ele? Ele se tornou tão simples como uma criança. Como ele chegou a esse ponto? Ele disse: "Fiz calar e sossegar a minha alma; como a criança desmamada se aquieta nos braços de sua mãe...".

O desmamar de uma criança é, na verdade, bem diferente do que nos é apresentado aqui. O bebê que ainda mama, ao ser colocado no peito da mãe, fica logo agitado e luta para encontrar o seio e sugar o máximo que pode. É verdadeiramente um quadro de inquietação. Mas depois de certo tempo, chega a época de a criança ser desmamada. Ela está crescendo, e o leite da mãe não é mais suficiente para seu crescimento. Ela precisa de algo mais sólido, mas não compreende isso.

O ato de desmamar é um processo muito difícil e provoca muitas lágrimas, não apenas na criança, mas também na mãe. A mãe tem de usar algum tipo de truque ou esquema para desmamá-la, tal como colocar algo amargo no seio, visando tornar difícil para a criança querer mamar. A criança resistirá e pranteará pensando que a mãe não a ama mais, e isso fere muito a mãe. Mas pouco a pouco, à medida que recebe alimento sólido e outros alimentos, a criança começa a crescer e alcança um ponto em que pode fazer sua alma calar e sossegar. Em outras palavras, ela aceita a disciplina, o controle, e exerce o autocontrole. Quando chega a esse ponto, de ter sido desmamada, ao ser colocada no colo da mãe, o que acontece? Em vez de procurar o seio da mãe, ela descansará nos braços da mãe, talvez apenas olhando o rosto dela. A criança não tem mais exigência, não quer nada. Mas ali podemos ver o fluir do amor, da afeição e do entendimento mútuo, fluindo da mãe para a criança e dela para a mãe. É um quadro de paz, alegria e harmonia o de uma criança desmamada nos braços da mãe.

PRECISAMOS AMADURECER

É isso que Deus está tentando fazer conosco. Houve época em que fomos bebês, e não há nada errado em ser bebê. Não podemos escapar dessa fase. Só houve um homem que já nasceu adulto: Adão! Todos, exceto ele, vieram do estágio de bebês. Mas não podemos *permanecer* assim. É a vontade do nosso Pai que cresçamos e cheguemos à maturidade. Por isso, Ele precisa nos desmamar, precisa nos desmamar do agarrar-nos às coisas e a nós mesmos. Nossa alma tem de se acalmar e sossegar. Você se lembra do que disse o Senhor? "Vinde a mim, todos os que estais cansados e sobrecarregados, e eu vos aliviarei. Tomai sobre vós o meu jugo e aprendei de mim, porque sou manso e humilde de coração; e achareis descanso para a vossa alma" (Mt 11.28-30). Nossa alma se recusa a descansar, pois está sempre lutando e se esforçando. Pense em sua emoção e mente, imaginação e desejos. Essas coisas são como ondas, como o mar revolto que nunca descansa. Mas nosso Senhor disse: "Tomem sobre vocês o Meu jugo e aprendam de Mim, porque sou manso e humilde de coração, e encontrarão descanso para a alma". Isso é uma criança desmamada!

Você já foi desmamado? Se você não foi desmamado espiritualmente, recebe muito do Senhor, é verdade, mas o Senhor nada recebe de você. Ele não pode usá-lo; você conhece Sua graça, mas não conhece Seu propósito. Só quando somos desmamados e realmente nos entregamos a Deus é que podemos buscá-lO e, então, haverá um fluir de amor e entendimento entre nós e Ele. Essa é a vida à qual o Senhor nos convida a entrar.

RESULTADO: BÊNÇÃO SOBRE TODA A IGREJA

"Espere, ó Israel, no SENHOR, desde agora e para sempre" (Sl 131.3). Isso não é estranho? Depois que Davi experimentou a entrega total a Deus, ele disse: "Espere, ó Israel, no SENHOR". Sua experiência pessoal é, na verdade, para todo o Israel. Se o Senhor conduzir você a uma vida de entrega total a Ele, descobrirá que isso afetará e ajudará toda a família de Deus com essa bendita espera. A espera e a esperança vêm da entrega a Deus. Podemos pensar que se nos entregarmos o resultado será o desespero. Oh, quando nos entregarmos a Deus é que começa a esperança, porque nossa esperança está n'Ele! Ele é a "esperança da glória". "Espere, ó Israel, no SENHOR, desde agora e para sempre."

O que você está esperando? Ou em quem você coloca sua esperança? Você está buscando a si mesmo? Buscando a outras pessoas? Está esperando pela mudança das circunstâncias ao seu redor? Sua esperança está nisso? Isso é areia movediça! Espere em Deus, a Rocha! Mas como você pode realmente esperar em Deus se ainda espera em si mesmo? Temos de nos entregar a Deus e, só então, encontraremos toda a nossa esperança n'Ele. Aquele que n'Ele confia descobrirá que Ele é digno de confiança. Que o Senhor nos ajude. Só existe uma vida cristã digna de ser vivida: uma vida de entrega total a Deus, como a do nosso Senhor. Nosso Deus é digno de que nos entreguemos sem reservas a Ele.

ORAÇÃO

Nosso Pai celestial, louvamos-Te e Te agradecemos porque Tu nos chamas para vivermos uma vida como a de Teu Filho, pois Ele vive em nós. É uma vida de entrega total a Ti. Oh, Tu és tão digno! Existe algo que Tu não mereças? Louvamos-Te e Te agradecemos, porque Tu nos chamas para nos entregarmos a Ti a fim de que Tu possas dar a Ti mesmo a nós, para seres nosso tudo! Pai, pelo Teu Santo Espírito, fala conosco e leva-nos para dentro da Tua verdade, para que Teu Nome seja glorificado. Pedimos-Te isso no nome do Senhor Jesus! Amém!

SATANÁS CONSIDERA O SERVO QUE DEUS USA

Charles Spurgeon

Charles Haddon Spurgeon foi o mais conhecido entre os pregadores ingleses do século 19. Nasceu em Kelvedon, Essex, na Inglaterra, em 19 de junho de 1834. Tendo tanto o pai quanto o avô como pastores, o jovem Spurgeon foi educado no conhecimento e no entendimento do evangelho de Cristo; entretanto, foi em uma noite tempestuosa de janeiro de 1850 que se converteu, aos quinze anos de idade. Aos dezesseis, pregou seu primeiro sermão; no ano seguinte tornou-se pastor de uma igreja batista em Waterbeach, Condado de Cambridgeshire (Inglaterra). Em 1854, Spurgeon, então com 20 anos, foi chamado para ser pastor da capela batista de New Park Street, Londres, que mais tarde viria a chamar-se Tabernáculo Metropolitano, transferindo-se para novo prédio.

Em janeiro de 1855, publicou seu primeiro sermão, uma prática que não seria interrompida até 1916, 24 anos após sua morte.

Durante seu ministério, Spurgeon ministrou para uma congregação de quase seis mil pessoas todos os domingos, publicou seus sermões semanalmente, escreveu uma revista mensal e fundou um colégio para pastores, dois orfanatos, um lar para idosos, uma sociedade de colportores e diversas estações missionárias.

Com o corpo debilitado em virtude de dores nos últimos anos e o ministério sendo atacado por seus adversários, Spurgeon continuou a pregar o evangelho até sua morte, em janeiro de 1892.

Qual foi o segredo do êxito de Spurgeon? Ele era um homem dotado de voz poderosa, de um domínio da linguagem simples e da ilustração e de um grande intelecto. Poder, entusiasmo na concepção e veemência no apelo foram características de seus sermões, uma vez que eram repletos da seriedade de um cristão. Contudo, o principal componente no êxito de Spurgeon foi sua profunda, porém bastante simples, confiança e conhecimento de seu Senhor e de Sua graça e amor. Por esta razão, havia um grande desejo de fazer com que outros viessem a conhecer, amar e adorar ao Senhor Jesus, como ele o fez.

Por tudo isso, ele é considerado o príncipe dos pregadores.

Traduzido da versão integral *Satan Considering the Saints*, mensagem pregada por Spurgeon em 9 de abril de 1865, no Metropolitan Tabernacle, Newington, Inglaterra, e publicada por Metropolitan Tabernacle Pulpit, vol. II, n. 623, e impressa por Chapel Library, Pensacola, EUA.

© s.d. Chapel Library

© 2000 Editora dos Clássicos

Tradução: Alessandra Schmitt Mendes

"Disse o SENHOR a Satanás: Observaste tu a Meu servo Jó?" (Jó 1.8).

Quão incertas são as coisas terrenas! Quão tolo é aquele crente que coloca seu tesouro em qualquer outro lugar que não nos céus! A prosperidade de Jó prometeu tanta estabilidade quanto qualquer coisa debaixo da lua pode dar. Aquele homem tinha à sua volta uma grande casa com servos, sem dúvida, dedicados e ligados a ele. Ele havia acumulado riquezas do tipo que não se desvalorizam repentinamente: ele tinha bois, jumentos e gado. Ele não precisava ir a mercados e feiras a fim de comercializar seus bens para adquirir alimento e vestimenta, pois ele praticava a agricultura em grande escala ao redor de sua propriedade e, provavelmente, cultivou ali mesmo tudo o que seu padrão de vida exigia. Seus filhos eram numerosos o bastante para prometer uma longa linha de descendentes. Sua prosperidade não precisava de nada para consolidar-se; já havia chegado ao máximo. Onde estaria o que poderia diminuí-la?

Lá em cima, além das nuvens, onde nenhum olho humano poderia ver, havia uma cena acontecendo que não prognosticava o bem para a prosperidade de Jó. O espírito do mal estava face a face com o Espírito infinito de todo bem. Uma conversa extraordinária ocorreu entre esses dois seres.

Quando chamado a contar seus feitos, o maligno gabou-se de ter passeado por toda a terra, insinuando que não havia encontrado nenhum obstáculo à sua vontade e nenhuma oposição ao seu livre mover-se e agir de acordo com seu próprio prazer. Ele caminhou por todo lugar como um rei em seu domínio, desimpedido e sem quem o desafiasse. Quando o grandioso Deus lembrou-o de que havia pelo menos um lugar entre os homens em que ele, o diabo, não tinha lugar e onde seu poder não era reconhecido, a saber, no coração de Jó; que havia um homem que permanecia como um castelo inexpugnável, guarnecido pela integridade, e guardado com perfeita lealdade como a possessão do reino dos céus, o maligno, então, desafiou Jeová a testar a fidelidade de Jó dizendo que a integridade do patriarca era devido à sua prosperidade, que ele servia a Deus e evitava o mal por motivos sinistros, pois ele achava sua conduta produtiva para si mesmo. O Deus dos céus aceitou o desafio do maligno e deu-lhe permissão de tirar todas as misericórdias que afirmava serem as colunas da integridade de Jó e de destruir todas as defesas externas e apoios e ver se a torre permaneceria em sua própria força natural sem eles. Em consequuência disso, toda a riqueza de Jó se foi num dia de trevas e nem mesmo um filho foi deixado para alentá-lo.

Um segundo encontro entre o Senhor e o anjo caído ocorreu. Jó era novamente o assunto da conversa, e o Grandioso, desafiado por Satanás, permitiu que este tocasse até mesmo os ossos e a carne de Jó, até que aquele príncipe tornou-se pior do que um mendigo, até que ele, que era rico e feliz, estivesse pobre e miserável, cheio de doença da cabeça aos pés, e forçado a raspar-se com um pedaço de telha para ter um pobre alívio de sua dor.

Temos de ver nisso a mutabilidade de todas as coisas terrenas. "Fundou-a ele [Deus] sobre os mares e sobre as correntes a estabeleceu" (Sl 24.2) é a descrição de Davi deste mundo, e se ele foi fundado sobre as correntes, você deve lembrar que elas mudam com frequuência. Não ponha sua confiança em nada abaixo das estrelas. Lembre-se de que está escrito "mudança" em tudo o que é da natureza. Portanto, não diga: "Meu monte permanece firme: nunca será movido". O olhar de relance de Jeová pode tremer esse monte até ele se tornar pó, o toque de Seu pé pode torná-lo como o Sinai, derretê-lo como cera e torná-lo apenas em fumaça. "... buscai as coisas lá do alto, onde Cristo vive, assentado à direita de Deus" (Cl 3.1), e que seu coração e seu tesouro estejam "onde traça nem ferrugem corrói, e onde os ladrões não escavam nem roubam" (Mt 6.20). As palavras de Bernard podem nos instruir aqui:

> *É a alegria verdadeira e principal, que não é concebida pela criatura, mas recebida do Criador, que (sendo uma vez possuída) ninguém pode tirar de ti, comparada com a qual todo tesouro é tormenta, toda alegria é tristeza, coisas doces são amargas, toda glória é vil e todas as coisas deleitáveis são desprezíveis.*

Esse não é, no entanto, o tema desta mensagem. Aceite isso mais como uma mera introdução para nosso assunto principal. O Senhor disse a Satanás: "Observaste tu a Meu servo Jó?". Vamos considerar, primeiro, *em que sentido pode-se ser dito que o espírito maligno considera o povo de Deus*; e, então, *notar o que é que ele considera sobre o povo de Deus*; e, depois, em terceiro lugar, *vamo-nos confortar pela reflexão de que Aquele que está muito acima de Satanás nos considera de maneira muito mais elevada*.

EM QUE SENTIDO PODE-SE DIZER QUE SATANÁS CONSIDERA O POVO DE DEUS?

Certamente, ele não o considera no significado bíblico usual do termo. "Ó SENHOR, consideraste minha aflição" (Sl 25.18; 119.153); "Considera a minha meditação"; "Bem-aventurado aquele que considera o pobre." Tal consideração implica boa vontade e um exame cuidadoso do objeto da benevolência com respeito à distribuição sábia de generosidade. Nesse sentido, Satanás nunca considera nada. Se ele tem alguma benevolência, tem de ser com respeito a si mesmo. Mas todas as suas considerações sobre outras criaturas são do tipo mais malévolo que existe. Nem um lampejo rápido do bem passa pela mais negra escuridão de sua alma, e ele também não nos considera como é-nos dito para considerarmos as obras de Deus, isto é, a fim de produzir instrução quanto à sabedoria, amor e bondade de Deus. Ele não honra a Deus pelo que vê em Suas obras ou em Seu povo. "Vai ter com a formiga, considera os seus caminhos e sê sábio" (Pv 6.6). Isso não é com ele, mas ele vai ao cristão, considera os caminhos desse cristão e se torna mais tolamente inimigo de Deus do que era antes.

A consideração que Satanás faz sobre os santos de Deus é em relação a esta sua sabedoria: *ele os observa maravilhado quando considera a diferença entre si mesmo e os santos*. Um traidor, quando conhece a completa vileza e a escuridão de seu próprio coração, não pode deixar de ser impressionado quando é forçado a crer que outro homem possa ser fiel. O primeiro recurso de um coração traidor é crer que todos os homens são tão traidores quanto ele e que realmente o são, mesmo que não aparentem. O traidor pensa que todos os homens são traidores como ele, ou seriam, se o pagamento for melhor do que a fidelidade.

Quando Satanás olha para o cristão e o encontra fiel a Deus e à Sua verdade, ele considera esse cristão como consideramos um fenômeno: talvez o desprezando por sua tolice, mas ainda se maravilhando com ele e desejando saber como ele age dessa maneira. "Eu", ele parece dizer, "um príncipe, um nobre do parlamento de Deus, não submeteria minha vontade a Jeová. Penso que é muito melhor reinar no inferno do que servir nos céus. Não mantive meu primeiro estado, mas caí do meu trono; como pode ser que esses permanecem? Que graça é essa que os mantém? Eu era um vaso de ouro e, apesar disso, fui quebrado; eles são vasos de barro, mas eu não posso quebrá-los! Eu não poderia permanecer na minha glória; qual pode ser a graça inigualável que os sustenta em sua pobreza, em sua obscuridade, em sua perseguição, ainda fiéis ao Deus que não os abençoa nem os exalta como Ele fez comigo?"

Pode ser também que ele se admire com a felicidade dos santos. Ele sente dentro de si um tempestuoso mar de miséria. Há um abismo incomensurável de angústia dentro de sua alma, e quando ele olha para os crentes, ele os vê quietos na alma, cheios de paz e felicidade, e frequentemente sem meios externos pelos quais poderiam ser confortados e, ainda assim, regozijando-se e cheios de glória. Satanás anda para cima e para baixo por todo o mundo e possui grande poder, e há muitos cruéis mercenários para servi-lo, ainda que ele não tenha a felicidade de espírito que possui aquele humilde lavrador, obscuro, desconhecido, sem servos para servi-lo, mas estirado de fraqueza sobre uma cama. Ele admira e odeia a paz que reina na alma do crente.

A consideração de Satanás pode ir além disso. Você não pensa que *ele considera os santos para detectar, se possível, qualquer falha e falta neles como uma forma de consolação para si mesmo?* "Eles não são puros", ele diz; "esses comprados pelo sangue, esses eleitos antes da fundação do mundo, *eles* ainda pecam! Esses filhos adotivos de Deus, por quem o glorioso Filho curvou a cabeça e rendeu o espírito: eles até mesmo pecam!" Como ele deve rir, com um deleite tal como só ele é capaz de ter, com os pecados secretos do povo de Deus, e se ele pode ver neles qualquer coisa inconsistente com a profissão de fé deles, qualquer coisa que se mostra falso, assim como ele é, ele se regozija. Cada pecado que nasce no coração do crente clama a ele: "Meu pai! Meu pai!", e ele sente algo como a alegria da paternidade quando vê sua prole imunda. Ele olha para o "velho homem" no cristão e admira a tenacidade com que ele, o velho homem, mantém sua influência; a força e a veemência com a qual ele luta pelo poder; pela trapaça e pela esperteza com as quais ocasionalmente, em intervalos fixos, em oportunidades convenientes, ele libera toda a sua força. Ele considera nossa carne pecaminosa e faz dela um dos livros nos quais ele diligentemente lê. Uma das esperanças mais claras, tenho certeza, na qual os olhos do diabo sempre descansam é a inconsistência e a impureza que ele pode descobrir num verdadeiro filho de Deus. A esse respeito, ele teve muito pouco que considerar no verdadeiro servo de Deus, Jó.

E isso não é tudo, mas apenas o ponto de partida da consideração de Satanás. Temos certeza de que *ele vê o povo do Senhor, e, especialmente, os mais eminentes e excelentes entre eles, como as grandes barreiras para o progresso de seu reino*; e, assim como o engenheiro, empenhando-se para construir uma estrada de ferro, mantém os olhos muito fixados nas colinas e nos rios e, especialmente, na grande montanha, pois um túnel através dela demandará anos de muito labor para ser feito, da mesma maneira Satanás, ao olhar para seus vários planos para continuar seu domínio no mundo, considera mais homens como Jó.

Satanás deve ter pensado de Martinho Lutero: "Eu poderia dominar o mundo se não fosse por esse monge. Ele está no meu caminho. Aquele homem cabeça dura espanca meu filho primogênito, o papa. Se eu pudesse me livrar dele, não me importaria caso aparecessem cinquuenta mil pequenos santos em meu caminho". Ele está certo ao considerar o servo de Deus, se não há ninguém como ele, [como foi dito de Jó], se esse servo está em destaque e separado de seus companheiros.

Aqueles entre nós que são chamados para a obra do ministério devem esperar que sua posição seja objeto especial da consideração do diabo. Quando os óculos estão nos olhos daquele guerreiro terrível, ele está certo de que deve observar os que, de acordo com o uniforme, são descobertos como os policiais, e ele ordena que seus franco-atiradores sejam muito cautelosos para mirar nesses, "pois", ele diz, "se o portador da bandeira cair, então a vitória será mais prontamente ganha para nosso lado, e nossos oponentes serão prontamente derrotados". Se você é mais generoso que outros santos, se você vive uma vida mais próxima de Deus do que outros, você, então, pode esperar que Satanás esteja mais ocupado contra você, assim como os pássaros visam mais aos frutos mais maduros. Quem se importa em contender por uma região coberta de pedras e rochas áridas e cercada do gelo de mares congelados? Mas em todos os tempos certamente houve contendas diante de vales férteis, onde os feixes de trigo são abundantes e o trabalho do lavrador é bem recompensado. Por isso, do mesmo modo, com você, que mais honra a Deus, Satanás irá despender esforço muito seriamente.

Ele quer arrancar as joias de Deus de Sua coroa, se puder, e até mesmo tirar as preciosas pedras do peitoral do Redentor. Ele considera, então, os do povo de Deus, vendo-os como obstáculos ao seu reino. Ele trama métodos pelos quais possa removê-los do seu caminho ou fazer com que passem para o seu lado. Trevas cobririam a terra se ele pudesse apagar as luzes[1]; não haveria colheita como o Líbano se ele pudesse destruir aquele punhado de trigo sobre os cumes dos montes (Sl 72.16 – ARC). Portanto, sua perpétua consideração é fazer com que o fiel falhe entre os homens.

Não é preciso muita sabedoria para discernir que *o grande objetivo de Satanás ao considerar o povo de Deus é prejudicá-lo*. Eu dificilmente penso que ele espera destruir aqueles que são realmente herdeiros da vida escolhidos e comprados pelo sangue. Minha noção é que ele é sobrenaturalmente sábio para conhecer que não é capaz disso. Ele foi tão frustrado quando atacou o povo de Deus, que não pode pensar que será capaz de destruir os eleitos. Você se lembra de que os profetas que eram intimamente ligados a Hamã disseram sobre isso, com sabedoria: "Se Mordecai, perante o qual já começaste a cair, é da

---

[1] Os luzeiros de Deus, Seus filhos, subentendido (Fl 2.15).

descendência dos judeus, não prevalecerás contra ele; antes, certamente, cairás diante dele" (Et 6.13)? Ele conhece muito bem que há uma descendência real na terra contra a qual ele luta em vão, e me surpreenderia que, se ele pudesse ter absoluta certeza de quem são as almas escolhidas por Deus, ele desperdiçaria seu tempo tentando destruí-las, apesar de talvez querer preocupá-las e desonrá-las.

No entanto, é mais provável que Satanás conheça os eleitos de Deus tanto quanto nós, pois ele pode julgar da mesma maneira que nós, pelas ações exteriores, apesar de ele poder formar um julgamento mais acurado do que nós por meio de sua experiência maior e por ser capaz de ver as pessoas em sua privacidade, onde nós não podemos estar. Apesar disso, é decretado que o olho negro dele não pode nunca espreitar o livro dos segredos de Deus. Pelos frutos dos escolhidos, o diabo os conhece e nós os conhecemos da mesma maneira. No entanto, já que *nós* frequentemente cometemos erros em nosso julgamento, ele também pode ser assim; e me parece que ele, então, faz disso sua política para empenhar-se em destruir todos os santos, não sabendo em que caso terá sucesso. Ele anda ao derredor buscando quem poderá devorar (1 Pe 5.8) e, como não sabe quem lhe será permitido devorar, ele ataca todo o povo de Deus com veemência.

Alguém pode dizer: "Como pode um demônio fazer isso?". Ele não faz isso sozinho. Não sei quantos de nós já foram tentados diretamente por Satanás. Podemos não ser notáveis o bastante entre os homens para sermos dignos de ser problema dele, mas ele tem uma multidão de espíritos inferiores sob sua supremacia e controle e, como o centurião disse de si mesmo, poderia ter dito o mesmo de Satanás: "Ele diz a esse espírito: 'Faça isso', e ele faz, e ao seu servo: 'Vá', e ele vai" (Mt 8.9).

Assim, todos os servos de Deus estarão, em maior ou menor grau, sob os ataques diretos ou indiretos do grande inimigo das almas com o objetivo de destruí-los, pois ele enganará, se possível, até mesmo os próprios eleitos (Mt 24.24). Onde ele não pode destruir, não há dúvida de que seu objetivo é preocupar. Ele não gosta de ver o povo de Deus feliz. Creio que o diabo se deleita grandemente em alguns ministros, cuja tendência na pregação é multiplicar e encorajar dúvidas e temores, pesar e desânimo. "Ah", diz o diabo, "continue pregando; você está fazendo meu trabalho muito bem, pois gosto de ver o povo de Deus desolado. Se eu puder fazer com que eles pendurem as harpas nos salgueiros, e continuem com a face miserável (Sl 137.2-3), considerarei que fiz o meu trabalho de forma completa."

Vamos nos acautelar contra essas tentações ilusórias que pretendem nos humilhar, mas as quais, na verdade, visam a tornar-nos incrédulos. Nosso Deus não se deleita em nossas suspeitas e desconfianças. Veja como Ele prova Seu amor por ter-nos dado Seu querido Filho Jesus. Expulse, então, todas as suas conjecturas doentias e alegre-se na confiança imutável. Deus se deleita em ser louvado com alegria. "Vinde, cantemos ao SENHOR, com júbilo, celebremos o Rochedo da nossa salvação. Saiamos ao seu encontro, com ações de graças, vitoriemo-lo com salmos" (95.1-2). "Alegrai-vos no SENHOR e regozijai-vos, ó justos; exultai, vós todos que sois retos de coração" (32.11). "Alegrai-vos sempre no SENHOR; outra vez digo: alegrai-vos" (Fp 4.4). Satanás não gosta disso. Martinho Lutero costumava dizer: "Vamos salmodiar [a Deus] e desprezar o diabo", e não tenho dúvida de que ele estava totalmente certo, pois o amante da discórdia odeia a harmonia, o louvor com júbilo.

O arqui-inimigo quer tornar você alguém miserável aqui, se ele não puder tê-lo no futuro, e nisso, sem dúvida, está visando a golpear a honra de Deus. Ele está bem ciente de que cristãos desolados geralmente desonram a fidelidade de Deus por desconfiar dela e pensa que, se puder nos afligir até que não creiamos mais na constância e bondade do Senhor, terá, então, roubado o louvor que é devido a Deus. "Aquele que oferece louvor, glorifique-Me", Deus diz, e então Satanás passa o machado pela raiz do nosso louvor para que Deus não seja mais glorificado.

Além disso, quando Satanás não pode destruir um cristão, ele frequentemente tenta corromper a utilidade desse cristão. Muitos crentes caíram e não quebraram o pescoço[2] – isso é impossível –, mas quebraram algum osso importante e foram mancando[3] para a sepultura! Podemos lembrar, com tristeza, de alguns homens uma vez eminentes nos escalões da Igreja, que iam bem, mas, de repente, pela pressão da tentação, caíram no pecado, e seu nome nunca foi mencionado na Igreja novamente, exceto num clima de suspense e tensão. Todos pensaram que eles foram salvos pelo fogo, e desejaram isso, mas certamente sua utilidade inicial nunca pôde retornar. É muito fácil voltar à peregrinação celestial, mas é muito difícil restaurar seus passos. Você pode logo retornar e apagar sua candeia, mas não pode acendê-la tão rapidamente.

Amigo(a), amado(a) no Senhor, vigie contra os ataques de Satanás e permaneça firme, pois você, como uma coluna na casa de Deus, é muito querido(a) para nós, e não

---

[2] Referência a 1 Samuel 4.18, quando o sacerdote Eli morreu ao quebrar o pescoço em uma queda.

[3] Referência a Gênesis 32.31, quando Jacó foi ferido pelo Anjo do Senhor e ficou coxo até o final da vida.

podemos perder você. Como um pai, ou como uma senhora em nosso meio, nós honramos você, e oh! – não fomos feitos para nos entristecer e lamentar –, não desejamos sofrer ao ouvir os gritos de nossos adversários enquanto clamam com triunfo: "Nós também temos isso!"[4], pois houve tantas coisas feitas em nossa Sião que não noticiamos em Gate, nem publicamos nas ruas de Ascalom, para que não se alegrassem as filhas dos filisteus, nem saltassem de contentamento as filhas dos incircuncisos (2 Sm 1.20).

Oh, que Deus nos conceda graça, como Igreja, para permanecer firme contra as farsas de Satanás e seus ataques, para que depois de ele ter feito seu pior trabalho, não ganhe qualquer vantagem sobre nós, e depois de ter considerado, e considerado novamente, e contado nossas torres e redutos, seja obrigado a se retirar, pois seus aríetes não podem abalar nem sequer uma pedra de nossas proteções, e seus tiros não podem matar nem sequer um soldado das fortificações.

Antes de sair desse ponto, gostaria de lançar uma pergunta que, talvez, pode ter surgido: "Como pode ser que Deus permita essa consideração constante e malévola de Seu povo por parte do maligno?". Uma resposta, sem dúvida, é que, por saber que isso é para Sua própria glória, Deus não dá excessiva importância às ações do diabo; tendo Deus permitido a livre atuação e, por alguma razão misteriosa, a existência do diabo, não parece compatível o fato de destruir Satanás com o fato de tê-lo criado, mas Deus dá a ele poder para que essa seja uma luta corpo a corpo justa entre pecado e santidade, entre graça e astúcia. Além disso, que seja lembrado que incidentalmente as tentações de Satanás estão a serviço do povo de Deus.

---

[4] Referência ao fato de Saul, rei de Israel, ter sido morto por um amalequita, um dos principais inimigos dos israelitas.

Fénelon[5] diz que elas são a lixa que tira muito da ferrugem da autoconfiança, e eu adicionaria que elas são o som horrível nos ouvidos do sentinela que, certamente, o mantém alerta. Um experimentado clérigo nota que não há tentação no mundo que seja tão ruim quanto não ser tentado, pois ser tentado fará com que nos mantenhamos alertas, enquanto sem tentação a carne e o sangue são fracos e, apesar de o espírito estar pronto, ainda podemos ser achados dormindo (Mt 26.40-41). As crianças não se afastam dos pais quando cães grandes latem para elas. Os ganidos do diabo tendem a nos levar para mais perto de Cristo, podem ensinar-nos nossa própria fraqueza, podem manter-nos sobre nossa torre de observação e se tornam os meios de preservação de outros danos. "Sede sóbrios e vigilantes. O diabo, vosso adversário, anda em derredor, como leão que ruge procurando alguém para devorar" (1 Pe 5.8); e nós, que estamos numa posição proeminente,

---

[5] François de Salignac de La Mothe-Fénelon (1651-1715). Em 1675, foi ordenado sacerdote católico. Por volta de 1696, teve contato com Madame Guyon. Os líderes católicos da época começavam a questionar a "ortodoxia" das teorias de Madame Guyon. Após examinar os escritos dela, uma comissão deu seu veredicto, assinado por Fénelon e demais membros da comissão, que condenava de maneira muito breve as ideias de Madame Guyon e dava uma rápida exposição do ensinamento católico sobre oração. Madame Guyon submeteu-se à condenação, mas seus ensinamentos espalharam-se pela Inglaterra. Fénelon recusou-se a assinar uma explanação sobre o veredicto, alegando que sua honra o impedia de condenar uma mulher que já estava condenada. Para explicar seu próprio ponto de vista sobre o veredicto da comissão, apressou-se em publicar o livro *Explication des Maximes des Saints* (Explicação das Máximas dos Santos), o qual levantou muita oposição da liderança católica. O próprio Fénelon submeteu seu livro ao julgamento da Santa Sé, em 1697. Após mais de dois anos de exame, o livro foi condenado como "ofensivo aos ouvidos piedosos". Fénelon submeteu-se à decisão, provavelmente não de maneira genuína. Depois disso, dedicou-se a cuidar de sua diocese, a escrever sobre política, educação de filhos e cultura, além de combater as "heresias" protestantes. No entanto, toda a sua obra posterior mostra quanto foi ajudado por Madame Guyon, motivo pelo qual seus livros são apreciados pelos que buscam a vida cristã profunda.

vamos nos permitir fazer carinhosamente a você um sério pedido: ore por nós para que, expostos de maneira particular à consideração de Satanás, sejamos guardados pelo poder divino. Vamos nos enriquecer por suas orações fiéis para que sejamos mantidos firmes até o fim.

O QUE SATANÁS CONSIDERA COM O OBJETIVO DE PREJUDICAR O POVO DE DEUS?

Não podemos dizer que Satanás seja como Deus, que nos conhece totalmente, mas já que ele está agora lidando com a pobre humanidade caída há cerca de seis mil anos, ele deve ter adquirido uma muito vasta experiência nesse tempo, e estando por toda a terra, e tentando desde o mais elevado até o mais baixo ser humano, deve conhecer excelentemente bem quais são as molas propulsoras da ação humana e como trabalhar com elas. Satanás observa e considera, antes de tudo, *nossas fraquezas peculiares*. Ele nos olha de cima a baixo, da mesma maneira que vi um domador de cavalos fazer com um cavalo, e logo descobre onde somos falhos. Eu, um observador comum, poderia pensar que um cavalo é excessivamente bom quando o vejo correndo para baixo e para cima numa rua, mas o domador vê o que eu não vejo, e ele sabe como lidar com a criatura naquelas áreas e naqueles pontos nos quais ele prontamente descobre haver qualquer problema oculto.

Satanás sabe como nos olhar e nos avaliar da ponta dos pés à cabeça, de tal modo que dirá: "Seu ponto fraco é a luxúria", ou de outro: "Ele tem um temperamento ágil", ou desse outro: "Ele é orgulhoso", ou daquele outro: "Ele é preguiçoso". O olho de malícia é muito rápido para perceber uma fraqueza, e a mão do inimigo logo tira vantagem disso. Quando o arquiespião encontra um lugar fraco na muralha de nosso castelo, ele toma o devido cuidado de apontar para ali seu aríete e começar seu cerco. Você pode ocultar sua fraqueza até mesmo de seu melhor amigo, mas não a esconderá de seu pior inimigo. Ele tem olhos de lince e detecta num momento os encaixes de sua armadura[6]. Ele anda com um fósforo, e apesar de você poder pensar que cobriu toda a pólvora de seu coração, ele ainda sabe como encontrar uma fenda para colocar o fósforo, e trará muito prejuízo, a menos que a misericórdia eterna o impeça.

Ele também atenta para considerar nosso estado de espírito. Se o diabo nos ataca quando nossa mente está com determinado humor, podemos ser muito mais fortes do que ele. Ele sabe disso e evita o encontro. Alguns homens são mais prontos à tentação quando estão aflitos e desesperados; o demônio irá, então, atacá-los. Outros estarão mais suscetíveis a pegar fogo quando estiverem jubilosos e cheios de alegria; então, ele irá pôr fogo no pavio. Certas pessoas, quando estão muito irritadas e caminham agitadas de um lado para o outro, não falam quase nada; e outros, quando sua alma está como águas perfeitamente plácidas, estão na condição exata para serem navegadas pela nau do diabo.

Como aquele que trabalha com metal sabe que determinado tipo de metal deve ser trabalhado a determinada temperatura, e outro, a uma temperatura diferente; como aqueles que lidam com substâncias químicas sabem que a certa temperatura o fluido irá ferver, enquanto outro alcança o ponto de ebulição muito antes,

---

[6] Referência a 1 Reis 22.34, quando Acabe, vestido com uma armadura, foi ferido por uma flecha lançada ao acaso.

assim também Satanás sabe exatamente sob que temperatura nos submeter para seu propósito. O conteúdo de pequenos recipientes ferve imediatamente quando estes são colocados no fogo, e também homens pequenos, de temperamento apressado, ficam rapidamente furiosos; vasos maiores exigem mais tempo e combustível antes de seu conteúdo ferver, mas quando fervem, é de fato uma efervescência que não se pode negar nem diminuir facilmente.

O inimigo, como um pescador, observa seu peixe, adapta a isca à sua presa e sabe em que estação e tempo é mais fácil capturar os peixes. Esse caçador de almas vem sobre nós quando estamos inconscientes, e frequentemente somos pegos numa falta ou pegos numa armadilha por meio de um estado de espírito desatento. Thomas Spencer, o valioso colecionador de frases selecionadas, disse o seguinte, que vai mais direto ao ponto:

> *O camaleão, quando está na grama para pegar moscas e gafanhotos, toma a cor da grama, assim como o pólipo fica da cor da rocha sob a qual se esconde, de modo que o peixe pode ousadamente chegar perto dele sem qualquer suspeita de perigo. Da mesma maneira, Satanás se transforma na forma que menos tememos e coloca diante de nós objetos de tentação que são os mais agradáveis à nossa natureza e, assim, pode logo nos aproximar de sua rede. Ele navega com qualquer vento e nos leva para aquele caminho em que nos inclinamos para a fraqueza da natureza humana. Nosso conhecimento nos assuntos da fé é deficiente? Ele, então, nos tenta ao erro. Nossa consciência é frágil? Ele nos tenta ao perfeccionismo e à muita precisão. Nossa consciência é muito larga, como a linha eclíptica? Ele nos tenta à liberdade carnal. Somos pessoas de espírito ousado? Ele nos tenta à presunção. Somos medrosos e temerosos? Ele nos*

tenta ao desespero. Temos uma disposição flexível? Ele nos tenta à inconstância. Somos rígidos? Ele trabalha para fazer de nós heréticos, cismáticos e rebeldes obstinados. Somos de temperamento austero? Ele nos tenta à crueldade. Somos ternos e brandos? Ele nos tenta à indulgência e à pena tolas. Somos quentes em questões de religião? Ele nos tenta ao zelo e à superstição cegos. Somos frios? Ele nos tenta à mornidão laodicense. Assim, ele coloca suas armadilhas para, de um modo ou de outro, nos enlaçar.

Ele também atenta para considerar nossa posição entre os homens. Há poucas pessoas que são mais facilmente tentadas quando estão sozinhas; elas são sujeitas, então, a grande peso de consciência e podem ser levadas a cometer os crimes mais terríveis. Talvez a maioria de nós seja mais suscetível a pecar quando está acompanhada. Com algumas companhias eu nunca seria levado a pecar; em outro grupo, eu dificilmente não pecaria. Muitos são tão cheios de leviandade que dificilmente os dentre nós que têm a mesma inclinação podem olhar para aqueles na face sem sentir o pecado que nos aflige constantemente sendo levado a agir; e outros são tão melancólicos que, se encontram um irmão do mesmo jeito, eles certamente inventarão entre si relatórios malignos da boa terra[7]. Satanás sabe como pegá-lo em um lugar onde você esteja aberto aos ataques dele; ele irá atacá-lo, irá lançar-se sobre você como uma ave de rapina vem do céu, onde ele tem observado até o momento em que descerá na expectativa do sucesso.

Ele também considerará muito nossa condição no mundo! Ele olha para um homem e diz: "Aquele homem tem riquezas; não adianta eu tentar usar certas artes com

---

[7] Referência ao relatório dado por dez dos doze espias enviados por Moisés a Canaã (Nm 13.25-33).

ele, mas aqui está outro homem que é muito pobre; vou pegá-lo nessa rede". Então, novamente, ele olha para o homem pobre e diz: "Agora, não posso tentá-lo para essa tolice, mas levarei o homem rico para ela". Assim como o esportista tem uma arma para aves selvagens e outra, de estimação, para disputas, assim também Satanás tem uma tentação diferente para cada tipo de homem. Não suponho que a tentação da rainha irá assediar a cozinheira Maria. Não suponho, por outro lado, que a tentação de Maria será tão séria para mim. Provavelmente, você poderia escapar da minha tentação – não penso que poderia – e algumas vezes imagino que eu poderia carregar a sua – apesar de questionar se poderia. Satanás sabe, no entanto, exatamente onde nos ferir, e nossa posição, nossas capacidades, nossa educação, nossa posição na sociedade, nosso chamamento, tudo isso pode ser porta através da qual ele nos ataca.

Você que não tem nenhum chamado está particularmente em perigo – penso que o diabo não acreditará totalmente em você. O homem que mais provavelmente irá para o inferno é o homem que não tem nada a fazer na terra. Digo isso seriamente. Creio que não pode acontecer um mal pior a uma pessoa do que ser colocada num lugar onde não tem trabalho; e se alguma vez eu estivesse numa situação como essa, arranjaria logo um emprego, por temor de ser vencido, corpo e alma, pelo maligno. Pessoas ociosas tentam o diabo a tentá-las. Tenhamos algo a fazer, mantenhamos a mente ocupada, pois, caso contrário, damos lugar ao diabo. A atividade não nos fará cheios de graça, mas a falta de atividade pode fazer-nos estagnados ou depravados. Ela sempre tem algo na bigorna ou no fogo para nós fazermos.

Em livros, trabalho ou brincadeira saudável

Estarei bastante ocupado,

Pois Satanás encontra sempre o mal

Para as mãos ociosas fazerem.

Assim nos ensinou Isaac Watts[8] em nossa infância espiritual, e vamos crer assim em nossa maturidade. Livros, ou trabalho, ou recreações, que são necessárias para a saúde, devem ocupar nosso tempo, pois se me atiro à indolência, como um velho pedaço de ferro, não posso me admirar quando o pecado crescer em mim como ferrugem.

Satanás, quando faz suas investigações, nota todos os objetos de nossa afeição. Não tenho dúvida de que quando rondou a casa de Jó, ele observou tão atentamente quanto os ladrões o fazem com as instalações de uma joalheria quando pretendem arrombá-la. Eles levam em consideração, com perspicácia, cada porta, janela e tranca. Eles não falham em olhar para a porta da casa próxima, pois podem ter de chegar ao tesouro através do prédio que está ligado à joalheria. Assim, quando rondou Jó e gravou na mente toda a posição dele, o diabo pensou consigo mesmo: "Há camelos, gado, jumentos e servos – sim, posso usar tudo isso admiravelmente". Pensou: "Então, há as três filhas, há os dez filhos, e eles estão festejando! Devo saber onde pegá-los, e se eu puder derrubar a casa enquanto festejam, isso afligirá a mente do pai muito severamente, e ele dirá: 'Oh! Se, ao menos, eles tivessem morrido enquanto oravam em lugar de morrer quando estavam festejando e bebendo vinho!'. Vou colocar no meu

---

[8] Nasceu em 1674 e partiu para o Senhor em 1748. Pastor congregacional de saúde frágil, a ele é atribuída a autoria de mais de 750 hinos, incluindo a metrificação da maioria dos salmos.

inventário sua esposa – atrevo-me a dizer que a quero", e consequentemente aconteceu assim. Ninguém poderia ter feito o que a esposa de Jó fez – nenhum dos servos poderia ter dito aquela triste sentença que causou tão profunda dor – ou, se dissesse tudo de maneira bondosa, ninguém poderia ter dito tal coisa com ar tão fascinante quanto fez a própria esposa de Jó: "Amaldiçoa a Deus e morre" (Jó 2.9). Ah, Satanás, tu lavraste com a novilha de Jó[9], mas não tiveste sucesso; a força de Jó está no seu Deus, não em seu cabelo, ou também poderias ter raspado a cabeça dele como a de Sansão o foi! Talvez o maligno tivesse inspecionado as sensibilidades pessoais de Jó e, então, selecionado aquela forma de aflição corporal que ele sabia que sua vítima mais temia. Ele trouxe uma doença que Jó pode ter visto, e dela estremecido, em homens pobres fora dos portões da cidade. Satanás sabe tanto quanto com relação a você.

Você tem um filho, e Satanás sabe que você o idolatra. Ele diz: "Ah, há um lugar em que posso feri-lo". Até mesmo sua amada esposa pode se tornar uma aljava na qual as flechas do inferno são colocadas até que chegue o tempo e, então, seu filho irá provar do arco com que Satanás as atira. Fique atento até mesmo a seu vizinho e àquela pessoa que você estima, pois você não sabe como Satanás pode tirar vantagem de qualquer situação para ferir você. Nossos hábitos, nossas alegrias, nossas tristezas, nosso sair de cena, nossa posição pública, tudo pode se tornar arma de ataque desse desesperado adversário do povo do Senhor. Temos ciladas em todo lugar: em nossa cama e à nossa mesa, em nossa casa e na rua. Há armadilhas quando estamos em companhia de outras pessoas; há buracos quando estamos

---

[9] Referindo-se à esposa de Jó, a quem Satanás usou para tentá-lo a amaldiçoar a Deus.

sozinhos. Podemos encontrar tentações na casa de Deus assim como no mundo; armadilhas em nosso estado mais elevado e venenos mortais em nossa base. Não devemos esperar estar livres de tentações enquanto não tenhamos atravessado o Jordão e, então, graças a Deus, estaremos além do alcance dos tiros do inimigo. O último latido do cão do inferno será ouvido quando descermos às águas frias das correntes negras[10], mas quando ouvirmos o "aleluia" do Glorificado, estará tudo acabado com o príncipe das trevas para sempre.

HOUVE UMA CONSIDERAÇÃO MAIS ELEVADA, QUE EXCEDEU A DE SATANÁS

Em tempos de guerra, sapadores e mineiros de um grupo farão uma mina, e é muito comum o agir contra os de outro grupo para contraminar a primeira mina por meio de solapá-la. Isso é exatamente o que Deus faz com o inimigo. Satanás está minando e pensa em queimar o estopim e explodir o edifício de Deus, mas todo o tempo Deus está minando a Satanás e explode a mina dele antes que ele possa causar qualquer dano. O maligno é o maior de todos os tolos. Ele tem mais conhecimento e menos sabedoria do que qualquer outra criatura; ele é mais sutil do que todos os animais do campo, mas é mais apropriado chamar essa característica de sutileza, e não sabedoria. Não é verdadeira sabedoria, é apenas outro tipo de tolice. Todo o tempo em que Satanás estava tentando a Jó, ele

---

[10] Referindo-se à morte, que é a última "arma" do diabo contra nós, a qual também foi vencida pelo Senhor crucificado.

pouco sabia que estava respondendo ao propósito de Deus, pois Deus estava observando e considerando toda a situação e estava segurando o inimigo como um homem segura um cavalo pela rédea. *Deus considerou exatamente quão longe poderia permitir que Satanás fosse.* Ele não permitiu que Satanás tocasse a carne de Jó logo na primeira vez – talvez isso fosse mais do que Jó poderia suportar. Você nunca notou que pode suportar perdas e tribulações, e até mesmo privações, com certa tranquilidade, se está bem de saúde? Esse era o caso de Jó. Talvez se a doença tivesse vindo primeiro e depois o resto das perdas, isso teria sido uma tentação muito pesada para ele; mas Deus, que sabe exatamente quão longe pode deixar o inimigo ir, dirá: "Até aqui, e não mais". Gradualmente, Jó se acostumou com sua pobreza. Na verdade, a provação havia perdido toda a sua dor no momento em que ele disse: "O SENHOR o deu, o SENHOR o tomou" (Jó 1.21). O inimigo estava derrotado, mas não havia sido ainda enterrado, e essa foi a oração do funeral: "Bendito seja o nome do SENHOR".

Quando veio a segunda provação, a primeira havia qualificado Jó para suportá-la. Para um homem que possui as maiores riquezas do mundo, ser privado, de repente, da capacidade física de desfrutá-las pode ser uma tribulação mais severa do que perder tudo primeiro e, depois, perder a saúde necessária para desfrutar de tais riquezas. Tendo já perdido tudo, ele quase poderia ter dito: "Dou graças a Deus porque agora não tenho nada para desfrutar e, assim, a perda do poder para me alegrar nisso não é mais cansativo. Não preciso dizer: 'Como desejo ir aos meus campos e ver meus servos', pois estão todos mortos. Não quero ver meus filhos – eles estão todos mortos e se foram.

Estou grato que se foram; melhor assim do que se vissem seu pobre pai sentado num monte de estrume como estou". Ele teria ficado quase contente se sua esposa tivesse ido também (pois, certamente, sua preservação não foi uma misericórdia muito especial) e, possivelmente, se ele tivesse estado com todos os seus filhos ao redor, teria sido uma provação mais dura do que havia sido. O Senhor, que pesa os montes em escalas (Is 40.12), repartiu a desgraça de Seu servo.

O Senhor não considerou também *como poderia sustentar Seu servo sob provação?* Você não sabe como nosso Deus, de forma abençoada, derramou o óleo secreto sobre o fogo de graça de Jó, enquanto o demônio jogava baldes de água sobre ele. Deus disse a Si mesmo: "Se Satanás pode fazer muito, Eu faço mais; se ele tira muito, Eu vou dar mais; se ele tenta o homem a maldizer, Eu vou encher o homem com tanto amor por Mim que ele Me abençoará. Eu vou ajudá-lo; vou fortalecê-lo. Sim, vou sustentá-lo com a mão direita da Minha justiça". Cristão, tome esses dois pensamentos e coloque-os sob sua língua como um biscoito de mel: você nunca será tentado sem licença expressa vinda do trono onde Jesus advoga e, por outro lado, quando Ele permite isso, Ele dará, com a tentação, um caminho de escape ou dará a você graça para permanecer firme (1 Co 10.13).

Depois, o Senhor considerou como santificar a Jó por meio dessa provação. Jó era um homem muito melhor no fim do que era no início da história. Inicialmente, ele era "um homem íntegro e reto" (Jó 1.1), mas havia um pouco de orgulho nele. Somos pobres criaturas para criticar um homem como Jó, mas havia nele apenas um pouco de justiça própria. Penso, e seus amigos revelaram isso, que

Elifaz e Zofar disseram coisas tão irritantes que o pobre Jó não podia deixar de responder em termos fortes sobre si mesmo (um homem que era especialmente forte), alguém pode pensar. Havia um pouco mais de autojustificação. Ele não era orgulhoso como alguns de nós com tão pouco – ele tinha muito do que se orgulhar, como o mundo permitiria –, mas ainda assim havia a tendência de se exaltar com isso e, apesar de o diabo não saber disso, talvez se ele tivesse deixado Jó sozinho, aquele orgulho poderia ter perdido a força e Jó poderia ter pecado, mas ele estava tão confuso, que não teria deixado que o dano se disseminasse, mas teria cortado o mal e também a ferramenta do Senhor para levar Jó a um estado de mente mais humilde e, consequentemente, mais seguro e abençoado.

Além do mais, observe como Satanás foi um útil artesão para o Todo-poderoso! Durante todo o tempo, Jó estava sendo *capacitado para obter uma recompensa maior*. Toda sua prosperidade ainda não era o bastante; Deus amava tanto a Jó que intentava dar-lhe o dobro da propriedade; Ele intentava dar-lhe seus filhos novamente; Ele queria torná-lo um homem mais famoso do que antes, um homem de quem se falaria durante todas as gerações. Ele não deveria ser apenas o homem de Uz, mas de todo o mundo. Não se ouvirá dele como um homem próspero somente entre seus vizinhos, mas todos os homens ouvirão da paciência de Jó no tempo da provação. Quem fará isso? Quem irá moldar a trombeta da fama pela qual o nome de Jó será soprado? O diabo foi para a fornalha e trabalhou ininterruptamente com todo o seu poder para fazer Jó reconhecido! Diabo tolo! Ele estava erguendo um pedestal no qual Deus colocou seu servo Jó para que possa ser visto com admiração por todas as eras.

Para concluir, as aflições de Jó e sua paciência têm sido uma bênção eterna para a Igreja de Deus e têm infligido inacreditável desgraça sobre Satanás. Se você quer deixar Satanás zangado, jogue a história de Jó na cara dele. Se deseja ter sua confiança em Deus mantida, que Deus, o Santo Espírito, o leve à história da paciência de Jó. Quantos santos foram confortados em seu sofrimento por essa história de paciência! Quantos foram salvos da mandíbula do leão e das garras do urso pelas experiências negras do patriarca de Uz. Oh, arqui-inimigo, como tu foste pego em tua própria rede! Tu jogaste uma pedra que caiu em tua própria cabeça. Tu fizeste um buraco para Jó e caíste nele tu mesmo; tu foste pego em tua própria astúcia. Jeová fez dos sábios tolos e levou os adivinhos à loucura.

Vamos nos comprometer em fé ao cuidado e sustento de Deus – que venha a pobreza, que venha a doença, que venha a morte: seremos mais que vencedores em todas as coisas por meio do sangue de Jesus Cristo, e pelo poder de Seu Espírito venceremos até o fim. Deus deseja que estejamos todos confiando em Jesus. Que aqueles que não confiam sejam levados a começar hoje, e Deus terá todo o louvor em todos nós, para sempre. Amém.

O PODER DA PRESSÃO

Watchman Nee

Watchman Nee *nasceu em Swatow, China, em 1903 como uma resposta à oração de sua mãe. Depois de ter dado à luz duas filhas, ela orou para que se Deus lhe desse um filho, ela o devolveria a Ele. À medida que crescia, o menino mostrava todos os sinais da promessa, a não ser que não tinha interesse em coisas espirituais. Aos dezessete anos, teve um encontro com o Senhor. Ele sabia que, naquele momento, tinha de aceitar Jesus Cristo como seu Salvador, mas lutou com a necessidade de entregar a sua vida ao Senhor. O amor de Cristo, finalmente, o dominou, e ele se rendeu ao Senhor em 29 de abril de 1920. Ele tinha tanto amor pela Palavra de Deus que a estudou quase incessantemente, de modo que em um período muito curto tinha lido toda a Bíblia várias vezes. Ele começou a testemunhar de Cristo aos seus colegas de escola e logo ganhou o apelido de "o pregador".*

Examinando a Escritura, ele (com alguns outros crentes) descobriu "a sincera e pura devoção a Cristo". Ele decidiu seguir a Palavra de Deus, e nada além da Palavra, incontestavelmente.
Em 1927, ele iniciou, em Xangai, a obra à qual dedicou toda sua vida, e lá ele pôde colocar em prática a visão que o Senhor lhe havia mostrado na Palavra. Ele entendeu que o propósito eterno de Deus é Cristo e Sua Igreja. Por meio da poderosa obra do Espírito Santo e do ministério fiel desse servo de Deus, este testemunho se propagou por todo o vasto território da China.

Em 1949, os comunistas tomaram o poder na China. Sabendo o que o esperava na volta para casa, ele, no entanto, sentiu fortemente a sua responsabilidade para com Deus e Sua Igreja. Então, em 1950, voltou para a China a partir de Hong Kong. Em abril de 1952, foi capturado e colocado na prisão. Mais tarde, foi falsamente acusado de espionagem e condenado a vinte anos de prisão. Ao término de sua sentença, ele não foi libertado, e logo chegou a notícia de que havia morrido fiel ao Senhor.

Traduzido do original em inglês "The Power of Pressure", capítulo 7 do livro *From Faith to Faith*.

© 1984 Christian Fellowship Publishers, Inc., EUA

© 2000 Editora dos Clássicos

Tradução: Délcio Meireles

"Não queremos, irmãos, que ignoreis a natureza da tribulação que nos sobreveio na Ásia, porquanto foi acima das nossas forças, a ponto de desesperarmos até da própria vida. Contudo, já em nós mesmos, tivemos a sentença de morte, para que não confiemos em nós e sim no Deus que ressuscita os mortos; o qual nos livrou e livrará de tão grande morte; em quem temos esperado que ainda continuará a livrar-nos" (2 Coríntios 1.8-10).

O que Paulo desejava que os irmãos conhecessem? A aflição que sobreveio a ele e seus companheiros na Ásia Menor. Por que tipo de aflição eles passaram? A aflição da pressão. Até que ponto aconteceu tal pressão sobre eles? Além do poder deles, de tal forma que desesperaram da vida. Essa foi a situação exterior deles. E quanto ao seu sentimento interior? Harmonizava-se com a situação exterior, pois tinham a sentença de morte dentro de si. E qual foi a conclusão a que chegaram? Que não podiam confiar em si mesmos, mas no Deus que ressuscita os mortos. Por isso, Deus os havia livrado de tão grande morte no passado para que pudesse livrá-los agora e haveria de livrá-los no futuro.

O que gostaríamos de considerar aqui é o relacionamento entre pressão e poder. Como cristãos, prestamos muita atenção à questão do poder. Isso é especialmente verdadeiro entre os crentes espirituais. Eles frequentemente perguntam se certa pessoa tem poder ou indagam sobre quanto poder ela tem. Ouvimos tais interrogações aonde quer que vamos.

Vejamos o que a Bíblia ensina sobre o relacionamento entre pressão e poder. Antes de tudo, gostaria de dizer que esses dois são diretamente proporcionais. Ou seja, sempre que há pressão, há também poder. Se um cristão não sabe o que é pressão, ele não tem conhecimento do que seja o poder. Somente os que têm experimentado se curvar sob pressão sabem o que é o poder. Quanto maior a pressão, maior o poder.

Mas antes de falar sobre a relação espiritual entre esses dois fatos, devemos explicar a relação que existe entre eles na esfera física, pois dela poderemos aprender, então, o princípio espiritual. Você já observou como a água é fervida em uma caldeira aberta? O vapor escapa e enche a casa, porém não está sendo utilizado por não haver pressão. Mas se em outro lugar nós observarmos outro tipo de caldeira, seja dentro de uma locomotiva ou em um barco a vapor, veremos que os operários acendem um fogo forte debaixo da caldeira permitindo que a água nela ferva, mas, diferentemente da casa, eles não deixam que o vapor escape. A caldeira, nesse caso, é feita de aço grosso e o vapor é continuamente pressionado dentro dela. Ela começa a reunir força devido à pressão exterior, visto que o vapor não pode expandir-se, conduzindo ao seguinte resultado: ele se condensa numa espécie de poder. E quando o poder do vapor é liberado por meio de uma pequena abertura, ele começa a mover o trem ou o barco.

Sendo assim, o vapor na casa e o vapor na locomotiva são o mesmo. Por que, então, existe tal diferença no poder? O vapor gerado na casa é inútil, mas o da locomotiva é tremendamente útil. A razão é porque num caso não há pressão, permitindo que o vapor se disperse e se torne inútil; mas no outro caso, o vapor permanece constantemente sob pressão, é pressionado e canalizado por uma abertura e é, finalmente, transformado em grande poder.

Aqui, então, está uma lei ou princípio espiritual a ser derivado da lei física: onde não há pressão, não há poder, mas a pressão pode produzir poder e o faz.

Todavia, para um cristão conhecer o que é poder, ele precisa conhecer primeiro o que é pressão. A pressão estava sempre presente com os apóstolos do Novo Testamento. Eles eram pressionados diariamente e pesadamente sobrecarregados. Muitas coisas eram tão amontoadas sobre eles que poderiam roubar-lhes qualquer dia de paz. Mas Deus usou esse fenômeno para dar-lhes poder. Pelo fato de serem excessivamente pressionados, não havia ninguém que tivesse tal poder como os apóstolos, pois a pressão os levava a olhar para Deus

Permita-me perguntar: quão grande é a pressão sobre você? Você só pode medir seu poder pela pressão que recebe. O poder do vapor é medido pela pressão da caldeira. Da mesma forma, o poder de um crente nunca pode ser maior do que a pressão que ele suporta. Se alguém deseja saber quão grande é seu poder diante de Deus, precisa compreender que seu poder não pode exceder a pressão que recebe de Deus. Essa é uma lei espiritual básica.

Às vezes, como cristão, você ora: "Ó Deus, dá-me poder!". Você sabe o que está realmente pedindo? Se Deus responder a sua oração, certamente Ele colocará você sob pressão, pois

Ele sabe que o poder da vida é gerado pela pressão da vida. Uma vida sob pressão é uma vida com poder, enquanto uma vida sem pressão é uma vida sem poder. Grande pressão na vida produz grande poder de vida, mas pouca pressão na vida resulta em pouco poder de vida. Todavia, o poder em discussão aqui é poder da vida e não o de outras fontes.

Continuemos nossa discussão na esfera moral e espiritual e vejamos quão exato esse princípio de "pressão é poder" verdadeiramente é.

A PRESSÃO DO PECADO

Quantos de nós têm alguma experiência nítida de vencer o pecado? Quem entre nós conhece como a lei do Espírito de vida em Cristo Jesus nos liberta da lei do pecado e da morte? Quem tem explicitamente tratado com o pecado e o vencido? Por que tão poucos de nós, cristãos, somos libertados da escravidão do pecado? Pode ser talvez devido à nossa incapacidade de usar este princípio: não sabemos como usar a pressão do pecado sobre nós; pelo contrário, desmaiamos sob sua pressão. Falhamos em usar essa pressão para clamar a Deus e buscar Seu livramento. Quão frequentemente devemos ser pressionados pelo pecado até esse ponto – pressionados além da nossa medida, de tal forma a não podermos ajudar ou a salvar a nós mesmos – antes que se torne real termos o poder para ir a Deus e receber a vitória de Cristo. Então, seremos libertados.

Suponhamos, por exemplo, que um crente, involuntariamente, conte mentiras com frequência. Um pequeno descuido e uma mentira escapará da sua boca. Ele não poderá vencer esse pecado se não tiver a consciência da impiedade das mentiras e da dor do mentir, tampouco sentirá profundamente que está sob a opressão das mentiras e que não tem força alguma para lutar contra elas. Somente quando desejar não cometer esse pecado é que ele reconhecerá quanto está sob sua pressão. Lutar contra o pecado só aumenta cada vez mais nesse cristão a consciência da opressão do pecado. Ele ainda não pode falar sem mentir e vai se tornando cada vez mais e mais miserável.

Quando e como pode ele encontrar livramento desse pecado? Não antes de confessar, um dia, que, não importa quanto tente, ele simplesmente não pode vencer esse pecado e sente que seria melhor se estivesse morto. Está tão consciente da pressão desse pecado que não pode mais suportá-lo. A pressão no momento é grande o suficiente e, por isso, o poder de vencê-la torna-se suficientemente grande também. Dessa vez, ele parece ter maior poder pelo qual pode ir a Deus e clamar pelo livramento, como também muito maior capacidade para receber a obra de Cristo. Em seguida, dirá a Deus: "Ó Deus, não posso viver se Tu não me capacitares a vencer meu pecado por meio da obra consumada do Senhor Jesus". Quando se apega a Deus dessa forma, ele vence. Você vê como a pressão do pecado lhe dá poder para ir a Deus em busca do livramento?

Usemos outra ilustração. Um crente é incomodado por pensamentos impuros. Ele não tem como refrear esses pensamentos impuros. Ele sabe que isso não é certo, mas não consegue resistir nem tem poder para orar a Deus. Na verdade, ele poderá tentar resistir e até mesmo tentar orar, mas parece que está tentando sem muita dedicação. Não existe poder. Por quê? Porque ele ainda não sentiu a pressão do pecado e, por isso, não tem o poder do livramento. Mas se ficar perturbado por esses pensamentos, não apenas uma ou duas, mas uma *centena* de vezes, e for vencido todo o tempo a despeito dos seus esforços, então sofrerá a dor da confissão e das derrotas a ponto de não poder mais suportar a pressão, nem mesmo por mais cinco minutos. E é nesse momento que ele recebe a fé, como também o poder, para vencer seu pecado. Nos dias comuns, ele não tem nem fé nem poder. Mas quando experimenta o calor da pressão, sua fé parece acumular poder. Normalmente, sua resistência no passado era pequena, mas agora, depois de a pressão ter aumentado tanto, sua resistência torna-se mais poderosa.

Lembremos, portanto, que a pressão visa a produzir poder. Utilizemos a pressão, em nosso viver diário, para transformá-la em poder a fim de progredir espiritualmente. Tenha em mente também que um crente poderoso não possui qualquer medida extra de poder além do que nós mesmos possuímos; ele simplesmente sabe como utilizar a pressão sobre ele e está determinado a fazê-lo.

A PRESSÃO DA NECESSIDADE

Um irmão perguntou-me por que sua oração não tinha resposta. Respondi-lhe que era por não haver pressão. Quando perguntou por que a pressão era necessária, eu lhe disse que ela é necessária para que a oração tenha resposta. Na verdade, eu sempre faço esta pergunta aos irmãos: "Deus ouve sua oração?". A resposta que geralmente recebo é esta: depois de orar três ou cinco vezes, o assunto é esquecido. Por que é esquecido? Porque esses que esquecem não sentem a pressão sobre si. Não é estranho que frequentemente seja esse o caso?

Se você esqueceu um assunto de oração, como pode culpar a Deus por não se lembrar? Naturalmente, Deus não lhe responderá se você meramente pronunciar algumas palavras de oração casualmente. Muitos oram como se estivessem escrevendo uma redação. Seria melhor que não orassem. A oração de muitos transgride o primeiro princípio da oração, que não é fé nem promessa, mas necessidade. Sem necessidade não há oração. Não é de maravilhar que as pessoas não recebam resposta para suas orações. Para que Deus responda a oração de um crente, Ele lhe dará primeiro uma necessidade, dará ao crente alguma pressão a fim de que este sinta a necessidade. Então, o crente se volta a Deus pedindo uma resposta.

John Knox[1] era poderoso na oração. A rainha Mary, da Inglaterra, disse certa vez: "Não tenho medo do exército de toda a Escócia; só temo a oração de John Knox". Como John

---

[1] John Knox (1505-1572), reformador escocês. Foi ordenado sacerdote católico no período em que João Calvino começava a Reforma em Genebra. George Wishart, cristão genuíno (provavelmente um dos precursores dos puritanos), amigo íntimo de Knox, foi queimado numa estaca em 1546, como resultado da perseguição católica aos protestantes na Escócia. O martírio de Wishart foi decisivo na vida espiritual de Knox, levando-o a renunciar ao catolicismo e a professar a fé protestante. Em Genebra, esteve sob o ensino de Calvino, que tinha por ele elevada consideração. Knox pregou muito contra o governo das rainhas, tanto na Inglaterra quanto na Escócia. A rainha Maria, da Escócia, disse certa vez: "Eu temo mais as orações de John Knox do que todos os exércitos da Europa reunidos". Como resultado de uma perseguição conjunta na França e na Escócia, em junho de 1546, Knox foi detido pelas autoridades e feito escravo das galés por 19 meses. De um manuscrito descoberto nos anos 1870 intitulado "A prática da Ceia do Senhor usada em Berwick por John Knox, 1550", percebemos que o começo da prática Puritana na Igreja da Inglaterra em relação à administração da Ceia do Senhor pode ser achada na prática seguida por Knox em Berwick, já que ele substituiu hóstias por pão comum e substituiu o ajoelhar-se pelo sentar-se na recepção da comunhão. Gastou seus últimos anos pregando e dando aulas em Edimburgo e em St. Andrews. Quando Knox estava morrendo, pediu para sua esposa que lesse João 17 em voz alta, enquanto dizia: "Vou ler onde lancei minha primeira âncora", referindo-se a quando, muitos anos antes, como um pobre clérigo católico, crera pela primeira vez em Cristo. É autor de *History of the Reformation in Scotland* (A História da Reforma na Escócia) e de muitos tratados e cartas e reconhecido como um dos gigantes da história da Igreja.

Knox orava? Ele dizia: "Ó Deus, dá-me a Escócia ou eu morro!". Por que ele orava dessa forma? Porque a pressão dentro dele era muito grande. Era além da sua capacidade; por isso, ele a derramava diante de Deus. A pressão dentro de John Knox o levava a fazer tal oração.

Você pode não compreender por que Moisés, em sua época, orou desta forma: "Agora, pois, perdoa-lhe o pecado, ou, se não, risca-me, peço-te, do livro que escreveste" (Êx 32.32). A razão era que Moisés estava consciente de uma necessidade e estava tão oprimido por essa necessidade que preferia perecer se Deus não salvasse os filhos de Israel. Por isso, Deus o ouviu.

O coração de Paulo era o mesmo: "... porque eu mesmo desejaria ser anátema, separado de Cristo, por amor de meus irmãos, meus compatriotas, segundo a carne" (Rm 9.3). Ele preferiria não ser salvo se os filhos de Israel não fossem salvos também. Tal palavra não é mera adoração da boca para fora, tampouco uma mera explosão emocional. Ela advém de um profundo sentimento causado pela pressão da necessidade. Alguém pode imitar as palavras da oração de outro, mas a oração será ineficaz e sem utilidade porque não há pressão. Quem irá orar dizendo que, se Deus não lhe responder, ele não se levantará? Se alguém tem realmente esse sentimento e essa palavra dentro de si, sua oração será ouvida. Você também pode orar com essas palavras, mas o essencial é sentir a pressão dentro de você.

Em Tsinan, havia um irmão no Senhor muito bom. Ele tinha um irmão na carne que era também seu colega de escola. Por causa de sua fé, ele era frequentemente ridicularizado e hostilizado por seu irmão. No ano passado, eu preguei naquela escola e tive oportunidade de conversar com seu irmão de carne e sangue, o qual, não obstante, permaneceu indiferente. Ora, esse bom irmão costumava testemunhar na escola e assumir a liderança entre os irmãos de lá. Mas, por algum tempo, ele parou de testemunhar e seu rosto ficou triste. Por isso, os outros irmãos me informaram de sua condição. Na verdade, temiam que ele tivesse apostatado. Fui solicitado a ajudá-lo.

Lá, então, eu me encontrei com ele poucas vezes; todavia, em cada ocasião ele saiu após somente umas poucas palavras serem trocadas. Ele me evitava, e eu fiquei realmente confuso. Outro irmão me relatou que esse jovem irmão lhe havia dito a razão por que deixara de testemunhar: enquanto seu irmão na carne não fosse salvo, ele não testemunharia pelo Senhor. Na noite da última reunião que houve enquanto eu estava lá, falei com ele novamente. Eu lhe perguntei, à queima-roupa, por que ele estava agindo daquela maneira nos últimos tempos. Ele respondeu que, se Deus não salvasse seu irmão, ele não testemunharia mais. Eu sabia quão honesto ele era e que estava realmente preocupado com o irmão. Sabia também que ele devia ter um encargo especial no coração pelo irmão e estava sob tremenda pressão.

Só poderia haver duas explicações: ou isso era o inimigo que o estava enganando e fazendo com que ele desfalecesse e não trabalhasse pelo Senhor ou, então, Deus ia realmente salvar seu irmão. Se Deus lhe deu tal pressão e o levou a orar com essa intensidade, então seu irmão seria salvo. A pressão sobre ele era tão grande, além da sua capacidade; por isso, ele teve essa reação tão peculiar.

Depois de voltar para casa, recebi, de um irmão daquela escola, uma carta trazendo as boas-novas de que o irmão desse jovem fora finalmente salvo. Não muito depois de eu ter deixado a escola, o irmão desse jovem ficou muito doente e, durante a doença, aceitou o Senhor e sua doença foi curada!

A experiência desse jovem mostra-nos um princípio: antes de Deus responder às orações, Ele frequentemente coloca grande pressão sobre nós para nos levar a orar. Anteriormente, não tínhamos poder na oração, mas agora, com tal pressão, somos capazes de orar. Quanto maior for a pressão de Deus, mais poderosa se torna nossa oração. Aprendamos esta lição: a pressão produz poder. O propósito da pressão não é esmagar-nos, mas ser utilizada por nós para transformá-la em poder.

Podemos, assim, entender por que algumas orações são respondidas e outras não. Por que Deus frequentemente ouve orações por coisas grandes, enquanto não ouve orações por coisas pequenas? Por que Deus ouve nossas orações pelos nossos queridos, amigos ou cooperadores quando estão perigosamente doentes, mas não ouve imediatamente nossas orações quando temos dor de cabeça, resfriado ou alguns arranhões? Já disse e vou repetir: qualquer oração que não nos move não pode mover a Deus. Isso está relacionado ao poder, e o poder é determinado pela pressão.

Por que Deus permite que muitas dificuldades, becos sem saída e fatos inevitáveis cheguem a nós? Por nenhuma outra razão a não ser chamar-nos a utilizar tal pressão e nos tornarmos poderosos na oração. Nosso fracasso está em não sabermos como fazer uso da pressão por transformá-la em poder.

Devemos saber que todas as pressões têm um propósito. Entretanto, não devemos esperar até que a pressão se torne excessivamente insuportável antes de orar. Devemos aprender a orar sem pressão como também com pressão. Se há pressão, utilizemos cada uma transformando-a em poder. Fazendo assim, reconheceremos que sempre que a pressão surgir Deus vai manifestar o poder de ressuscitar os mortos. Não existe poder maior do que o poder da ressurreição. E quando estivermos oprimidos além da esperança, experimentaremos o poder da Sua ressurreição fluindo de dentro de nós.

Quantas vezes em sua vida suas orações foram respondidas? Sem dúvida, você deve ter tido suas orações respondidas pelo menos algumas vezes. Por que essas poucas orações foram respondidas? Não foi porque você sentiu a pressão e, por ser tão grande, derramou seu coração diante de Deus? Talvez você nunca tivesse jejuado antes, mas naquele dia particular você nada pôde fazer a não ser jejuar. Você sentiu que estava sendo pressionado a ir diante de Deus e não mais considerava a oração uma carga; bem ao contrário, a oração para você se tornou, naquele dia, um meio para descarregar um encargo.

A PRESSÃO DAS CIRCUNSTÂNCIAS

Não só o pecado e a necessidade criam pressão, mas as circunstâncias produzem-na também. Deus permite que os crentes passem pela pressão das circunstâncias para que vivam diante d'Ele. Frequentemente, situações adversas são levantadas na vida dos filhos de Deus. Alguns são perturbados pelos familiares, outros, pelos amigos. Alguns podem sofrer perdas nos negócios; outros podem ser perseguidos pelos colegas. Uns podem ser hostilizados ou mal-interpretados pelas pessoas; outros podem ter dificuldades financeiras. Por que todas essas coisas lhes sobrevêm? Muitos crentes normalmente não reconhecem quão preciosa é a vida regenerada que receberam. Embora sejam nascidos de novo, são ainda ignorantes do fato de que sua vida regenerada não tem preço. Mas uma vez que estejam sob pressão, eles começam a apreciar sua vida regenerada porque essa nova vida que Deus lhes deu os capacita a vencer em todas as situações. Todas essas pressões exteriores podem provar a realidade da vida regenerada e de seu poder. O Senhor propositadamente nos coloca em situações adversas a fim de nos lembrar que, sem Sua vida, não podemos suportar. O poder da Sua vida é manifesto por meio da pressão exterior.

Se, por exemplo, seu coração está sendo traspassado por algo que leva você a chorar em secreto, e você reconhece que está totalmente desamparado e distante de qualquer conforto, você ganhará vitória completa se, naquele momento, se lançar em Deus. Você ficará maravilhado com a grandeza do poder que lhe dá vitória. Essa pressão exterior leva você a confiar em Deus espontaneamente, capacitando você, por sua vez, a manifestar a realidade e o poder da vida do Senhor. Naturalmente, os que não creram no Senhor e não possuem a vida regenerada serão, sem dúvida, esmagados sob a forte pressão de tais circunstâncias agonizantes. Um cristão, todavia, é regenerado e tem uma vida dentro de si que é mais forte do que qualquer pressão exterior. Quando é oprimido, então, ele vence, visto que a pressão das circunstâncias simplesmente comprova a vida regenerada dentro dele.

Li uma vez um panfleto intitulado "Seja uma Máquina de Gás". Ele contava a história de certa pessoa. Na cidade americana de Pittsburgh, a comunidade toda naquela época usava lâmpadas a gás. O proprietário da companhia de gás era cristão. Em certa época, ele começou a enfrentar muitas situações adversas. Seus clientes o acusavam frequentemente de coisas que não tinham nenhuma relação com ele. Pessoas que negociavam com ele opunham-se-lhe e recusavam dar-lhe a devida cortesia. Então, ele orou a Deus pedindo que lhe concedesse poder para vencer todas aquelas dificuldades. Mas, depois de orar assim, sua situação apenas piorou.

Um dia, um empregado veio dizer-lhe que todas as máquinas na fábrica haviam parado de funcionar. Como ninguém sabia nem conseguia descobrir onde estava o problema, o proprietário mesmo teve de ir inspecionar a situação. Em sua inspeção, ele descobriu que o maquinário estava todo intacto, a não ser uma pequena válvula em uma caldeira, que estava quebrada. Sem qualquer pressão, então, todo o vapor que havia sido produzido não podia ser utilizado e, com isso, nenhuma das máquinas funcionaria. Foi naquele momento que ele ouviu uma voz suave e mansa lhe dizendo: "Você devia ser uma máquina de gás". Posteriormente, ele testemunhou que esse maquinário de gás falou a ele da mesma forma que a mula de Balaão no passado. Louvores e graças a Deus! Ele também comprovou o fato de que não havia pressão porque a válvula estava quebrada; e, sem pressão, as lâmpadas da cidade inteira não poderiam gerar luz. Todavia, a presença da pressão levou as lâmpadas de toda a cidade a brilhar. Por isso, ele não poderia resistir à pressão em sua vida e deveria ser, pelo contrário, uma máquina de gás.

Devemos compreender que o poder da vida de uma pessoa não pode exceder a pressão que ela recebe. Havia um irmão entre nós que se recusou a cultuar os ancestrais em seu casamento. Seu tio havia conseguido anteriormente um emprego para ele no banco, mas, devido à sua recusa em cultuar os ancestrais, não lhe deram aquela posição. Todos lamentamos por ele, mas esse incidente obviamente mostrou quanto poder havia nele. Porque se eu posso ficar de pé depois de ser empurrado, isso mostra quanto poder tenho dentro de mim. Um empurrão exterior apenas manifesta a força interior. O poder manifestado de dentro é tão grande quanto a pressão de fora.

A Bíblia não nos fala só do fato da ressurreição, mas também revela-nos o princípio da ressurreição. O Senhor Jesus Cristo foi ressuscitado dentre os mortos. Isso é um fato. Mas muitos ensinamentos concernentes à ressurreição, tais como conhecer seu poder, pertencem ao princípio da ressurreição. De modo que a ressurreição não é apenas um fato; ela é também um princípio que deve ser provado em nossa vida. O princípio da ressurreição é baseado no fato da ressurreição. Certo Homem que estava vivo fisicamente um dia foi crucificado. Naturalmente, Ele morreu e foi sepultado. Mas ressuscitou dentre os mortos. A escravidão da morte não tinha poder sobre Ele, porque havia n'Ele um poder maior do que a morte. E, embora esse poder tenha passado pela morte, estava vivo, pois não podia ser tocado pela morte. Por isso, o princípio da ressurreição é vida que sai da morte.

Suponhamos que um irmão seja naturalmente paciente, gentil e amoroso. Essas qualidades nada são além de partes da sua bondade natural que não poderiam ser ressuscitadas. Mas Deus permite que seus amigos, parentes e colegas o pressionem, afligindo-o e ferindo-o a tal ponto que ele não pode mais suportar, vindo a perder a calma. Naquele momento, ele reconhece que tudo o que vem do natural não pode passar pela morte (que é a maior prova) e permanecer vivo. E se, durante aquele momento, ele levantar a cabeça e orar: "Ó Deus, minha paciência chegou ao fim; permita que Tua paciência se manifeste em mim", então, para sua grande surpresa, ele se descobrirá agindo com paciência sob todos os tipos de morte. Agora, isso é ressurreição, pois a ressurreição é a vida de Deus que passa pela morte e ainda existe.

Qualquer coisa que seja natural não pode ser ressuscitada após passar pela morte. Mas tudo o que pertence a Deus viverá depois de passar pela morte. Muitos não sabem o que pertence ao ego e o que pertence a Deus, o que pertence ao natural e o que pertence a Cristo, o que é velho e o que é novo, o que é natural e o que é sobrenatural. Consequentemente, Deus permite que a morte venha sobre eles a fim de conhecerem o que pode passar pela morte e o que não pode. E, assim, eles conhecerão a ressurreição.

Por que Deus permite que a pressão venha sobre você? Por nenhuma outra razão senão a de lhe revelar que qualquer coisa que você julgue capaz de realizar, de suportar e de resistir a ela deve ser reduzida a nada. Você é pressionado a tal ponto que só pode dizer: "Ó Deus, não posso mais suportar. Minha força esgotou-se. Por favor, manifesta Teu poder". Deus vai permitir que você seja pressionado até que obtenha o poder d'Ele. Naquele ponto, a pressão torna-se não apenas seu poder de oração, mas ela extrai também o poder operador de Deus.

Assim aconteceu com o Senhor Jesus Cristo: "Se o grão de trigo, caindo na terra, não morrer, ele fica só", observou o Senhor Jesus, "mas, se morrer, dá muito fruto" (Jo 12.24). Minha oração é que você e eu possamos conhecer Cristo e Seu poder de ressurreição mais profundamente, dia a dia.

Este foi o alvo de Paulo em toda a sua vida: "Não que já a tenha alcançado", declarou o apóstolo, "ou que seja perfeito; mas prossigo (...) para que possa conhecê-lo [experimentá-lo], e o poder da sua ressurreição [não apenas o fato da ressurreição de Cristo]" (Fp 3.12, 10). Ele também declarou isto: "Em tudo somos atribulados, porém não angustiados (isso se refere à situação exterior deles); perplexos, porém não desanimados; perseguidos, porém não desamparados; abatidos, porém não destruídos; levando sempre no corpo o morrer de Jesus, para que também a Sua vida se manifeste em nosso corpo" (2 Co 4.8-10). Isso se refere às circunstâncias de Paulo e à vida dentro dele. Ele tinha muitas pressões exteriormente, mas tinha também grande poder dentro de si. As pressões externas a ele apenas manifestavam seu poder interior.

O ambiente em que cada um de nós está é preparado por Deus. Por favor, lembre-se de que você está onde está pela ordenação d'Ele, seja no lar, na escola ou no trabalho. Sejam quais forem as circunstâncias em que você se encontrar, sejam elas suaves ou ásperas, Deus quer que você manifeste a vida de ressurreição de Cristo. O crescimento de um cristão depende da maneira como ele lida com o ambiente em que está. Todas as coisas que nos pressionam muito têm como propósito treinar-nos para conhecermos o poder da ressurreição.

Quem é o mais poderoso? Aquele que oferece mais orações será, sem dúvida, o mais poderoso. Mas o que significa alguém dizer que a vida mais profunda possui maior poder? Significa nada mais do que isto: a pessoa que tem mais pressão tem mais habilidade para tratar com ela. De modo que a profundidade da vida de um crente pode ser medida pela maneira como ele trata com sua pressão. Infelizmente, o cristão, com muita frequência, gosta de preservar seu poder natural. Ele não quer morrer, exatamente como Pedro não queria que o Senhor morresse. Entretanto, se o Senhor não tivesse morrido, hoje não haveria ressurreição. Muitos cristãos consideram como vida boa aquela que tem poucas dificuldades e angústias. Sempre que deparam com alguma coisa dolorosa, eles pedem a Deus para removê-la. Podemos dizer que eles estão vivendo, mas isso certamente não pode ser chamado de ressurreição.

Suponhamos que, em sua constituição natural, você pudesse suportar a censura de dez pessoas, mas não mais; assim, pede a Deus para não permitir que você seja tentado acima da censura dos dez. Mas Deus permite que a pressão de onze pessoas venha sobre você. Em tais situações, você, por fim, clama a Ele que não pode mais suportar, pois está além da sua capacidade. Permita-me dizer que Deus, não obstante, deixará que você seja pressionado além daquilo que seu próprio poder e paciência e bondade naturais possam suportar. O resultado será que você dirá a Ele que não pode mais suportar e pedirá que lhe conceda o poder para vencer. Naquele momento, você experimentará um poder novo e maior que pode suportar crítica, não apenas de dez, mas até de vinte pessoas. Você veio a reconhecer e experimentar que, quanto maior for a pressão, maior seu poder; e que, sempre que estiver sem poder, é porque você não foi colocado sob a disciplina da pressão.

Por que, então, se isso é assim, muitos demoram-se em buscar a Deus só quando a pressão torna-se grande? Devemos, antes, buscá-lO tão logo sintamos nossa incapacidade e, imediatamente, receberemos o poder necessário. Por isso, sempre que deparamos com nova pressão, devemos utilizá-la por transformá-la em poder. Nosso poder crescerá com cada encontro desses.

Deus nunca preserva a constituição natural; Ele só quer o ressurreto. Ele nunca muda o natural, visto ser Ele "o Deus que vivifica os mortos e chama à existência as coisas que não existem" (Rm 4.17). Chamar algo do nada é o poder que Deus tem de criar, dar vida ao que está morto é o poder redentor de Deus. Abraão creu em Deus como Aquele que cria todas as coisas do nada e dá vida aos mortos. O homem gostaria de proteger sua vida, mas Deus rejeita essa vida. E depois que o homem é quebrado por Deus e Lhe confessa que é absolutamente desamparado, aquele homem será ressuscitado dos mortos. Esse é o segredo da vida e do poder.

Quando deparar com muitas pressões, você deve lembrar que pressão é poder e, portanto, não devem ser evitadas, mas acolhidas. Pois quanto maior for a pressão sobre você, maior será seu poder. Você vencerá tudo e obterá força ainda maior.

A PRESSÃO DA OBRA

Grande parte da obra de Deus deve passar pela pressão antes que possa haver bons resultados. (Os que servem a Deus devem prestar bastante atenção nesse ponto.) Infelizmente, poucos obreiros têm essa experiência ou parecem dispostos a experimentá-la. O que é fiel, entretanto, não só tem tal experiência como ainda a terá bem mais. Se você nunca experimentou isso, há de experimentar no futuro. Deus vai fazer com que o trabalho que você está fazendo passe pela morte. Isso não ocorre porque Deus tenha prazer na morte; pelo contrário, Ele leva a obra à morte a fim de alcançar a ressurreição.

No início de sua obra, muitos obreiros de Deus notam que inúmeras pessoas estão sendo salvas por meio de seus esforços, e sua obra parece estar prosperando e sendo abençoada. Estranhamente, porém, tal situação não dura muito tempo. Após algum tempo, a obra começa a fracassar. Os que antes foram salvos não estão fazendo nenhum progresso hoje. Mais tarde, não apenas a obra parece ter parado, mas os próprios obreiros sentem-se frios e mortos. Quando se descobrem nessa situação difícil, com certeza desejam fazer algo, mas não podem porque parecem ter perdido o poder. Ficam realmente intrigados. Podem até começar a imaginar que cometeram algum pecado grave. A essa altura, estão realmente temerosos e não sabem o que fazer. Podem entender que não há mais qualquer esperança, pois parece que Deus não quer abençoar nenhum aspecto da sua obra.

Mas é precisamente nesse momento que a luz virá de Deus para sondar o coração deles e, então, saberão se desde o início estiveram trabalhando para Deus ou para eles mesmos, se estiveram competindo com as pessoas ou servindo com sinceridade para a glória de Deus. Eles descobrirão para quem estiveram realmente trabalhando. Pois quando a obra está prosperando e tendo sucesso, os crentes tendem a sentir que tudo quanto estiveram fazendo foi para Deus. Somente quando a obra de alguém está sob pressão é que ele poderá discernir se sua obra tem sido para Deus ou se ele tem se misturado com a obra.

Você, que tem tido experiência como a aqui descrita, sabe quão dolorosa ela é. Durante esse tempo, você se sente sobrecarregado e morto e está sendo pressionado a tal ponto que não pode fazer outra coisa a não ser perguntar a Deus: "Ó Deus, por que isso é assim? Por que ninguém está sendo salvo? Por que os crentes estão tão mortos?". Você também é pressionado a perguntar a Deus: "Que devo fazer? Aonde devo ir daqui em diante?". Você percebeu que seu antigo poder não é suficiente para enfrentar a presente situação e sua experiência passada é inadequada para suprir a exigência atual. Talvez, neste momento, Deus lhe mostre que, quando a obra estava prosperando, você nutriu o pensamento de autossatisfação, abrigou o orgulho espiritual, foi zeloso por sua própria glória, ansiando exceder outras pessoas na obra. Resumindo, você descobre que muitas coisas não foram feitas para Deus, mas para os homens e, consequentemente, sua obra necessitava passar pela morte. Agora você reconhece quão útil foi sua obra ter sofrido essa pressão.

O próprio Moisés precisou aprender o que significava a circuncisão antes de poder trabalhar para Deus. Em certa ocasião, Deus quis matá-lo, porque ele não era ainda "um esposo sanguinário", visto ter falhado em circuncidar seu filho nascido de sua esposa Zípora, a qual, aparentemente, se havia oposto à prática sanguinária (a qual, no entanto, agora, o fez, quando viu a vida do marido em perigo) (Êx 4.24-26). Deus não ia permitir que a carne se misturasse com Sua obra, para a qual Ele estava chamando Moisés.

Deus vai permitir que você seja pressionado até o ponto em que não lhe importará se a obra morrer, que ninguém seja salvo e todos os irmãos sejam espalhados. Isso porque a obra – na verdade, tudo – pertence a Deus e não mais a você. Naquele momento, você dirá a Deus que, desde que Ele glorifique Seu próprio nome, para você não faz diferença se Ele destruir a obra e tudo o mais também. Assim você passa pela morte, que é o princípio de primordial importância nos tratos de Deus com Seus obreiros. E, daí em diante, Deus colocará o encargo da obra novamente sobre você.

Como isso é diferente do que era antes! Antes a obra era sua e você a realizava por interesses próprios. Mas agora é de Deus, e não importa se os seus interesses estão sendo servidos ou não. A obra pertence a Deus. Ele deve ter tudo. Não é mais você. De modo que, nessa nova situação, você pede a Deus para lhe dar poder a fim de que possa realizar Sua obra sob tais circunstâncias trevosas e secas. Você reconhece ter estado sob pressão por algum tempo e, por isso, pede a Deus para reavivar Sua obra. Dentro de pouco tempo, haverá novas mudanças! A situação próspera retornará e você verá, claramente, que isso não é algo feito por você, mas somente pelo próprio Deus por intermédio de você. O resultado é que a pressão que você suportou lhe deu novo poder para trabalhar. Antes era você quem trabalhava, mas agora é Deus trabalhando, pois Ele levou Sua obra à ressurreição por meio da morte. Daí em diante, ninguém pode impedir a obra d'Ele.

Quão lamentável que muitos dos obreiros de Deus recusem colocar-se em Suas mãos. Entendamos que, se alguém é fiel e obediente, ele não será poupado de pressão excessivamente grande e não terá sequer um dia confortável. Certa vez, alguém perguntou a um irmão no Senhor como ele passava seus dias em Xangai – quão confortáveis eram e se ele tinha provações. O irmão, sorrindo, respondeu: "Existe alguém verdadeiramente usado pelo Senhor que não tenha provações e possa passar todos os seus dias confortavelmente?".

Nosso poder não pode exceder a pressão que recebemos. Quanto maior for a pressão que Deus proporcionarpara nós, maior o poder que crescerá dentro de nós. Deus trabalha por meio do processo de morte. Sem passar pela morte, ninguém pode fazer nada. O que eu mais temo é que muitos não utilizem a pressão que lhes é dada. Ela será mais como o vapor numa loja de água quente, que é desperdiçado, em vez de o utilizado para mover um veículo. Nos últimos dois anos, tenho sentido profundamente que a pressão é o auxílio para o poder. Se você tiver tal experiência, concordará que todo o seu poder só pode vir da pressão; que o poder que você tem em seu contato com as pessoas procede da pressão. Um dia, quando estivermos diante de Deus, reconheceremos plenamente a pressão que o Senhor Jesus Cristo sofreu em Seus dias na terra, que pressão os apóstolos suportaram em seus dias e que pressão todos os que foram grandemente usados por Deus suportaram.

A PRESSÃO DO INIMIGO

Hoje em dia muitos crentes desconhecem a pressão satânica[2]. Todavia, o inimigo pode trazer muitos males ao ambiente em que estamos como também à nossa vida. Os cristãos geralmente não entendem por que existem tantos pensamentos desconcertantes em sua mente e tantas perturbações ao seu redor. Na verdade, algumas delas são permitidas por Deus, enquanto outras são as obras de opressão do inimigo.

Havia um irmão que habitualmente tinha pensamentos vagos e não conseguia concentrar-se. A situação tornou-se tão séria que ele chegou até mesmo a ser tentado a cortar a garganta. Quando ele compartilhou isso comigo, eu lhe perguntei se tal pensamento tinha vindo dele mesmo, se havia sido dado por Deus ou se tinha sido injetado em sua mente pelo inimigo. Obviamente não poderia ter vindo de Deus. Assim, a causa de tal pensamento foi reduzida a duas fontes possíveis: se não vinha dele mesmo, tinha de ser do inimigo. Perguntei, então, ao irmão como ele distinguiria seus pensamentos dos pensamentos do inimigo. Eu expliquei que, se a ideia de cortar a garganta tivesse origem em sua própria mente, ele teria de ter pensado no assunto antes. Por isso, perguntei de maneira muito franca àquele irmão se ele já havia pensado nesse assunto ou se alguém mais o havia desenvolvido e, então, injetado em sua mente. Respondendo, aquele irmão me disse que nunca havia pensado em tais coisas. Assim, eu

---

[2] Aos interessados, recomendamos o clássico *Guerra Contra os Santos*, de Jessie Penn-Lewis, publicada por esta editora, que muito influenciou Watchman Nee.

lhe disse que aqueles pensamentos deviam ter-lhe sido dados por Satanás. Esse é um princípio importante a ser considerado: você mesmo tem esses pensamentos ou alguém mais tem pensado essas ideias por você antes de serem injetadas em sua mente? Deixe-me assegurar-lhe que somente aquilo que você mesmo pensa é seu; de outro modo, vem do inimigo.

Não precisamos ser corteses com nosso inimigo. A primeira pessoa no mundo que foi atenciosa com o inimigo foi Eva, que, em consequência disso, introduziu o pecado no mundo. Alguns cristãos frequentemente tentam argumentar com o inimigo. Quando o Senhor Jesus esteve na terra, o que Ele fez quando o inimigo testificou que Ele era o Filho do Altíssimo? Ele proibiu Seu inimigo de falar. Os crentes comuns podem não considerar sério deixar que o inimigo injete um ou dois pensamentos em sua mente. Entretanto, quão trágicas as consequências podem ser se seus pensamentos forem, pouco a pouco, completamente controlados pelo inimigo! Seu cérebro pode tornar-se a máquina de pensamentos de Satanás, que, dali em diante, o usará constantemente. Quão triste que alguns cristãos não saibam como controlar os próprios pensamentos! Só quando começamos a aprender a controlar nossos pensamentos é que reconhecemos quão difícil é essa tarefa.

Com respeito às doenças, nós reconhecemos que muitas enfermidades são o resultado da violação das leis naturais. Mas esteja certo de que existem outras doenças que vêm como pressões do inimigo. Quero ressaltar que não estou afirmando que todas as doenças vêm de Satanás; digo somente que algumas provêm dele. As chagas que Jó teve, por exemplo, foram dadas pelo inimigo e não foram causadas pelo descuido dele com respeito à higiene.

Tratando-se de acontecimentos circunstanciais em nossa vida, alguns os consideram como se fossem meras ocorrências naturais. Mas precisamos perguntar: o desmoronamento das casas que causou a morte dos filhos de Jó foi simplesmente um fenômeno natural? O roubo repentino do seu gado e a queima do seu rebanho, com fogo do céu, foram meramente acidentais? Todos sabemos, pelo registro de Deus, que esses acontecimentos tiveram origem no inimigo. Precisamos entender que em nossa vida pode haver um grande número de coisas que indicam a pressão do inimigo. Infelizmente, muitos crentes não estão conscientes dessa realidade e deixam que elas passem sem tratar com elas.

Muitos irmãos estavam distribuindo folhetos de evangelização num trem. Encontraram ali um cristão cuja face estava transtornada. Quando lhe perguntaram a razão disso, ele respondeu que era um homem de negócios e, nos primeiros anos, havia sofrido repetidamente infortúnios após infortúnios tanto na família como nos negócios. A essa altura, ele se sentia tão miserável que, por não poder ver outra saída, decidira cometer suicídio. Na verdade, ele havia tomado aquele trem com a intenção de tirar a vida em certo local bem mais à frente. Aqueles irmãos imediatamente reconheceram isso como uma obra do inimigo. Perguntaram, então, se ele realmente achava que tais infortúnios tinham sido acidentais ou se haviam sido tramados por alguém em secreto. Depois de refletir um pouco, esse cristão admitiu que parecia que alguém, nos bastidores, estivera preparando essas coisas – quase como se uma mão estivesse ali, conspirando, por assim dizer, cada movimento sobre o tabuleiro de xadrez. Meus amigos lhe disseram francamente que aquilo era obra do inimigo e o aconselharam a resistir a ele. Então, oraram com ele, ali mesmo no trem, sobre o assunto.

O irmão voltou imediatamente para casa e, depois de algum tempo, escreveu a esses irmãos, explicando como, após voltar para casa, ele começou a resistir ao inimigo dia a dia, como recusou a aceitar qualquer coisa que viesse dele e como sua situação atual estava melhorando gradualmente. Ele deu graças a Deus por ter sido libertado, embora admitindo não ter sido ainda totalmente recuperado.

O que desejo enfatizar é a falha do homem em resistir às táticas de opressão do inimigo. No início, pode ser que Satanás dê a você apenas um ou dois pensamentos, mas, por fim, ele corromperá, se puder, todo o seu ser como também sua família e ambiente em que está. Isso porque você está sendo oprimido, mas não resiste a ele. Isso é um erro fatal. Você deve fazer uso da pressão para produzir o poder da sua resistência. Quando você suporta além da sua medida, você precisa resistir ao inimigo. Naquele instante, você encontrará o escape. Frequentemente, não temos poder para resistir a Satanás, mas quando somos pressionados além da medida, descobrimos um poder brotando dentro de nós e nos capacitando a resistir-lhe.

Por isso, sempre que estivermos sendo pressionados pelo inimigo, não pensemos que tal pressão é inútil; pelo contrário, devemos utilizar essa pressão porque ela suscita poder. Guardemos em mente isto: se soubermos como utilizar a pressão, ela não permanecerá em nosso caminho. Verdadeiramente, quanto mais pesada a pressão, maior o poder de resistência. Que o Senhor nos capacite a resistir ao inimigo.

REMOVENDO MONTANHAS[3]

Se montes barrarem teu caminho como muralhas,
Por que sentar e chorar? Levante e diga:
"Saia do caminho!". E eles, pelo poder de Deus,
Serão lançados no mar.

Todo o poder na terra, todo o poder no céu,
A Cristo, o Filho de Deus, foi dado;
E do Seu trono inabalável Ele te capacitará,
E os obstáculos fugirão de ti.

Sobre todo o poder do diabo e do homem,
Declare no Senhor: "Posso com certeza!".
Receba d'Ele o poder, para na terra pisar
O ferrão do escorpião e a picada da serpente.

Seja quem fores, ó montanha elevada,
Esteja onde estiveres, na terra ou no céu,
Seja quando for, a verdade será sempre a mesma:
Saia do caminho, em nome de Jesus!

"Saia do caminho!" A fé ordena que te movas
para o mar além. Mova-se! Vá!
Eu desejo, eu quero, eu devo, eu posso
Cumprir o propósito de Deus.

---

[3] Autor desconhecido. Poema acrescentado pelo tradutor.

SERVO DE VERDADE

C. A. Coates

Charles Andrew Coates (1862-1945) era inglês, nasceu em uma família cristã e converteu-se com dezesseis anos. Sua saúde muito frágil impedia-o de estender por uma área muito grande seu ministério, mas ele era confortado por saber que aquilo havia sido soberanamente ordenado por Deus. Segundo ele, seu pequeno serviço ao Senhor era feito principalmente por meio de material impresso: inicialmente, pequenos folhetos de evangelização, cuja impressão ele mesmo pagava. Seu comentário sobre Deuteronômio é considerado um clássico.

Traduzido do original em inglês *A True Servant*.

© 2000 Editora dos Clássicos

Tradução: Délcio Meireles

Nesta manhã, abri minha Bíblia nestas palavras: "Houve um homem enviado *de Deus* cujo nome era João. Este veio como *testemunha* para que testificasse a respeito da luz, a fim de todos virem a crer por intermédio dele" (Jo 1.6).

Tais palavras me levaram a pensar nas características de um "servo de verdade", como as que encontramos em João, características que, na minha estimativa, devem ser mais e mais gravadas em nossa vida e serviço.

ELE VEM DA PARTE DE DEUS

Para que isso aconteça, devemos primeiro estar *com Deus*. Infelizmente, este é o ponto fraco de muitos. Os estímulos que envolvem o *serviço* têm uma atração para os gostos naturais que a tranquilidade santa do *santuário* não possui. De certa maneira, o serviço nos torna "alguém", mas na presença de Deus descobrimos que nada somos. Precisa-se de homens que realmente estejam *com Deus*. Não existe frescor ou poder se não estamos com Deus. Nosso coração perde sua sensibilidade ao que é divino, caímos para o nível dos fatos visíveis e tangíveis ao nosso redor e o serviço se torna, em maior ou menor grau, formal.

As realidades mais gloriosas que despertaram a alma logo são consideradas como simples doutrinas e pregadas do modo como são recebidas. Em pouco tempo, o servo começa a sentir uma autossatisfação com respeito ao seu serviço, que não pode ser perturbada nem mesmo pela ausência de qualquer bênção manifesta, e esta é a característica, eu penso, de um terrível estado de apostasia.

Por outro lado, se estamos *com Deus*, temos realidade espiritual quanto à nossa própria experiência. Não nos enganamos no que diz respeito ao nosso progresso, dom ou fé. Não pensamos de nós mesmos além do que convém, mas pensamos com moderação (Rm 12.3). Além disso, é *com Deus* que aprendemos Seu *amor*, Sua *graça* imensurável, Seus *propósitos* gloriosos; Seus grandes pensamentos com respeito a Cristo e a Igreja, a realidade do poder do Espírito e muitas outras verdades aceitas na teoria por muitos, mas conhecidas como realidade por poucos. Havendo estado *com Deus* no secreto da Sua presença, podemos vir *de Deus* no poder do que aprendemos interiormente, para servir num mundo como este. Não medimos, então, o poder do inimigo com nossa fraqueza, mas comparamo-lo com Deus. Não vestimos a armadura que outros usaram (1 Sm 17.38) nem seguimos o caminho trilhado por outro servos. Não consultamos carne nem sangue quanto ao alcance ou caráter do nosso serviço. Em todo servo existe uma *originalidade* que vem da parte de

Deus. Ele não usa o mesmo molde para formar dois servos – isto é obra do homem –, e, na exata proporção em que somos formados no santuário, assim cada um terá sua habilidade peculiar para seu próprio serviço e será selado de tal modo qua a fé reconhecerá que ele *vem de Deus*.

TEM CONSCIÊNCIA DE QUE NADA É

A segunda característica de um verdadeiro servo é que ele *tem consciência de não ser nada*. João podia falar de si mesmo como apenas uma "voz" (Jo 1.23), e outro, maior do que João, tinha consciência de ser "o menor de todos os santos" (Ef 3.8). No momento em que julgamos ser alguma coisa, saímos da verdadeira posição e espírito de servos. Existe um lindo contraste entre a descrição de João a respeito de si mesmo e a descrição dele dada pelo Senhor (compare João 1.22-27 com Lucas 7.26-28). Quanto mais merecedores somos do elogio do Senhor, menos pensamos a respeito de nós mesmos.

UMA TESTEMUNHA

A terceira característica de um verdadeiro servo é que ele é uma *testemunha*. Ele fala daquilo que tem visto e conhecido por si mesmo. Foi dito a Paulo que ele deveria ser testemunha tanto das coisas que tinha *visto* como daquelas em que o Senhor *haveria de lhe aparecer* (At 26.16). Podemos ministrar coisas que nunca passaram a fazer parte de nós, mas não podemos ser testemunhas delas. Daí a profunda importância de se cultivar a comunhão com Deus e a crescente intimidade com Cristo. Em vez de enfraquecer nosso testemunho do evangelho, creio que isso o tornaria mais pleno, mais rico e mais simples. Estaríamos em contato com a graça que pode descer até o ponto mais baixo a fim de ganhar o coração de um pecador. Nossa pregação geralmente carece de peso porque experimentamos tão pouco das coisas de que falamos. Nós mesmos devemos entrar – quer seja no terror do Senhor, no amor de Deus, no valor da obra de Cristo ou nas bênçãos que a fé desfruta – em tudo aquilo que, com insistência, apresentamos aos outros. Caso contrário, tornamo-nos apenas *conferencistas* ou *preletores* em vez de *testemunhas*.

DEVOÇÃO ABNEGADA A CRISTO

Outra característica do verdadeiro servo é a *devoção abnegada a Cristo*. João estava pronto a *diminuir* a fim de que Cristo pudesse *crescer* (Jo 3.30). João estava disposto a ser deslocado, a ficar na sombra e a ser abandonado até mesmo por seus discípulos. O resultado do seu testemunho era a prova da sua realidade dos fatos divinos: homens deixaram a João e seguiram a Jesus. Isso lhe proporcionou verdadeira alegria (Jo 3.29), pois moralmente ele havia *desistido de si mesmo* e encontrado seu objetivo no bendito Cordeiro de Deus. O resultado do seu testemunho foi realizar nos outros o que fora primeiro realizado nele mesmo, e esse é o alvo do verdadeiro serviço. Podemos, pela graça, trazer outros para onde estamos, mas não podemos elevá-los acima de nosso próprio nível. Quão profundamente importante é, então, sermos vigilantes, sóbrios e pessoas de oração, andando habitualmente no

Espírito! Cristo será, então, o objetivo e o motivo de toda a nossa vida e de nosso serviço. Nossa declaração poderá ser, numa pequena proporção da sua grandeza e bem-aventurança: "Para mim, o viver é Cristo" (Fp 1.21).

Só então a realidade dessas diferentes características poderá ser realmente provada. Satanás não perderá a oportunidade de peneirar como trigo o servo de Cristo (cf. Lucas 22.31) e, por outro lado, Deus permite o peneirar visando a nos humilhar ao descobrirmos que não somos tão espirituais ou dedicados como pensávamos ser.
Ao mesmo tempo, como resultado, a realidade do que a graça tem operado em nós se torna mais nítida do que nunca. O servo não deve esperar estar sempre na mesma situação. João Batista foi, por algum tempo, o homem mais popular dos seus dias. Dezenas de milhares acompanhavam seu ministério e o honravam como um profeta de Deus. Durante algum tempo, ele não recebeu qualquer oposição dos líderes religiosos e era até mesmo ouvido com respeito e atenção pelo rei. Ele era o homem do momento, o ditador de normas morais para todas as classes na nação.

Quantos servos se exaltaram com orgulho em circunstâncias semelhantes a esta em gênero, se não foram também em grau? Um auditório lotado, a aprovação do mundo ou dos irmãos, a estima devidamente correta e alegremente prestada a um honrado servo de Deus e, até mesmo, sucesso nos trabalhos espirituais atuarão nesse miserável coração que temos e nos elevarão com uma exaltação carnal, se não estivermos, por meio da graça, no contínuo exercício do julgamento próprio. Se os olhos de João não estivessem firmemente fixados na Pessoa gloriosa da qual ele era apenas o arauto, ele poderia pensar de si mesmo como digno de posição mais elevada do que a do servo que se curva para desatar a sandália do senhor. Mas com a glória divina d'Aquele que estava diante dele, ele não julgaria ser digno de Lhe prestar o serviço mais humilde. Mas João teria de ser provado, como muitos outros servos. Ele precisa conhecer o "vento norte" da adversidade e o "vento sul" da prosperidade (Ct 4.16). Ele deve ser transferido da grande congregação do deserto para a solidão e aparente inutilidade da prisão, principalmente quando parecia mais necessário do que nunca para todos os verdadeiros servos espalhar com energia divina o evangelho da vinda do reino.

Pense nele, em João, como um leão enjaulado, enclausurado num castelo solitário na sombria praia do Mar Morto, ouvindo ali as coisas gloriosas que estavam sendo proclamadas "por toda a Judeia e por toda a região circunvizinha" (Lc 7.17-18). Você fica surpreso ao saber que, quando tais notícias chegaram aos seus ouvidos, seu espírito se tornou impaciente no confinamento que o impedia de participar de tudo isso? Nos dias da sua prosperidade, ele havia dito, realmente, que não era *nada*, mas agora ele havia sido levado a entrar nisso de forma prática. O reino estava sendo pregado *sem ele*; coisas maravilhosas estavam sendo feitas, e ele, pessoalmente, não tinha nenhuma participação nelas – a obra de Deus prosseguia *sem João*. Que todo servo que conhece seu próprio coração descreva os sentimentos que nos são naturais numa hora tal como esta!

ESTA LIÇÃO É PARA TODOS

Creio que todo servo de Cristo tem de passar por essa experiência mais cedo ou mais tarde. Ele pode experimentá-la numa forma diferente durante toda a sua vida, ou pode passar por ela em épocas especiais de profundo exercício espiritual, ou, então, pode aprendê-la em seu leito de morte, mas ele *deve* aprender que *nada é além de um servo dos propósitos de Deus* (cf. 1 Coríntios 3.5-7) e que Deus pode prescindir dele a qualquer momento e transferir o serviço para outro diferente vaso da graça. Estou ciente de que todos nós aceitamos isso como teoria, mas é outra coisa aprender tal lição na própria experiência com Deus. Quando aprendia essa lição, João se "escandalizou" n'Aquele cujas sandálias ele havia declarado não ser digno de amarrar ou desatar. A pergunta que seus discípulos levaram a Jesus (Lc 7.19) era uma repreensão muito mal disfarçada ao Mestre, pois este permitia que o servo fosse detido em circunstâncias que faziam dele *nada*. Frequentemente, tem-se observado que o santo falha exatamente naquele ponto que é sua principal característica, e foi isso o que aconteceu com João.

Sempre que o servo é diminuído aos seus próprios olhos e aos olhos dos outros também, é que o orgulho do seu coração se descobre. Nessa hora, o melhor a fazer é se dobrar em submissão e não dar coices contra o aguilhão da soberania do Senhor (At 26.24).

Espero que as características de um verdadeiro servo sempre marquem você, a fim de que não seja tocado pela exaltação do dia do sucesso. E que no dia da adversidade você não venha a desmaiar, mas possa provar a doçura daquela bem-aventurança especial do servo provado:
"E bem-aventurado é aquele que em mim não se escandalizar"
   (Lc 7.23 – ACF).

NÃO SE ESCANDALIZE COM O SENHOR!

Theodore Austin-Spark

"Assim como A. W. Tozer, **T. Austin-Sparks** tem sido vastamente considerado como um dos profetas de maior projeção da Igreja do século XX. Suas obras em inglês são altamente estimadas na Inglaterra e nas outras regiões de língua inglesa do mundo e têm sido acolhidas com abundante louvor por muitos líderes cristãos bem conhecidos, incluindo Watchman Nee, da China, e Bakht Singh*, da Índia.

---

* Nas palavras de J. Edwin Orr, historiador britânico da Igreja, "Bakht Singh (1903-2000) é um evangelista indiano equivalente aos maiores evangelistas ocidentais, tão hábil quanto Finney e tão direto quanto Moody. Ele foi um mestre da Bíblia de primeira classe, da ordem de um Campbell Morgan ou Graham Scroggie".

"Herdados de G. Campbell Morgan** e Jessie Penn-Lewis quando jovem, e aprendendo aos pés dessas pessoas, o Sr. Sparks tem profundo conhecimento da Palavra de Deus e um discernimento espiritual singular, unidos aos dons de consideração original e de vigorosa expressão. "Como alguém que percebeu o valor das obras de Sparks quando as li pela primeira vez, em inglês, há muitos anos, estou especialmente contente em vê-las disponíveis em português a um amplo círculo de leitores e cordialmente as recomendo a todos os santos de língua portuguesa."

Christian Chen

Flushing, abril de 2000

** George Campbell Morgan (1863-1945). Foi o líder da Capela de Westminster em Londres de 1904 a 1919 e de 1933 a 1943. Seus comentários bíblicos estão entre os melhores do mundo. Considerado amplamente o príncipe dos expositores da Bíblia.

Traduzido do original em inglês "The Blessedness of the Unoffended", publicada na revista *A Witness And A Testimony*, de maio-junho de 1969.

© 1997 Emmanuel Church

© 2001 Editora dos Clássicos

Tradução: Délcio Meireles

"Bem-aventurado é aquele que não achar em mim motivo de tropeço" (Mateus 11.6).
"Tenho-vos dito estas coisas para que não vos escandalizeis[1]" (João 16.1).

Um dos maiores perigos da vida cristã se esconde no caminho simples do discipulado: é o perigo de ficar escandalizado com Cristo. A comunhão à qual o Evangelho nos conclama inevitavelmente traz uma constante, nova e humilhante descoberta do ego, uma inevitável perturbação da ordem estabelecida em nossa vida, visto que a vontade do Senhor irá corrigir e opor-se à nossa e haverá um esforço incessante para alcançar o ideal, isto é, fazer com que nossa vida como seguidores

---

[1] A versão em inglês usada pelo autor adota a palavra "ofender", enquanto em português temos "escandalizar" e "tropeçar"; todas essas acepções traduzem a mesma palavra em grego. Portanto, sempre que optarmos por uma delas neste capítulo, as outras duas estão implícitas.

corresponda, de forma crescente, à d'Ele como precursor. E o perigo é que somos capazes de nos dobrar sob o teste e o treinamento de tudo isso, de voltarmos atrás e não andarmos mais com Ele e nos tornarmos, realmente, escandalizados com Ele. Sempre é possível, a despeito de qualquer confissão sincera da alma, que aquilo que Deus entende por bênção se torne em doença para nós devido às nossas interpretações erradas. É sempre perigosamente possível que a luz de hoje se torne em trevas profundas e impenetráveis amanhã, por causa da nossa falha em obedecer-Lhe e manter-nos caminhando com Ele, seja pelo nosso atraso ou desvio da direção constrangedora do companheirismo de Cristo. Os homens têm, nesse sentido, inconsciente e imperceptivelmente se colocado bem afastados dos limites das influências comuns de Cristo e se tornaram, à semelhança das instabilidades do mar, em ocasiões de perigo e desastre para outras incontáveis vidas.

Mas Cristo, com aquela absoluta franqueza que é grande parte da sua atratividade aos homens, não pode ser culpado por essas lamentáveis deficiências. Porque Ele nunca ocultou que havia a possibilidade não premeditada de ficarmos ofendidos com Ele. Em Seu Evangelho, Ele une as boas-vindas com a advertência, como nenhum outro jamais fez. Sua Palavra, enquanto abre o coração de Deus à nossa percepção, abre também nosso próprio coração para nós. Por meio d'Ele conhecemos o Pai e, por meio d'Ele, conhecemos a nós mesmos. Ele revela a total fidelidade de Deus a nós, mas revela também a instabilidade da nossa própria vontade e que nossas próprias emoções não são dignas de confiança. Ele não nos trata como homens perfeitos, mas como homens reais e nos adverte com respeito à destruição que assola ao meio-dia e a pestilência que se propaga nas trevas (Sl 91.6). É por isso que aos mais sérios e que julgam a si mesmos Ele diz: "E bem-aventurado é aquele que em mim se não escandalizar" (ACF). A implicação é óbvia e sinistra, mas a realidade e riqueza da Sua graça é a resposta suficiente e tranquilizadora para cada um de nossos temores. A bem-aventurança de não se escandalizar, a despeito de todo o perigo exterior e da fraqueza interior, é uma aquisição possível para cada um. E é bem-aventurança de verdade.

É necessário, entretanto, lembrar o significado da palavra "escandalizar". Em sua forma original, tem a ideia de força de provocar tropeço. De modo que podemos traduzir e expandir essa palavra de Cristo assim: "Bem-aventurado é aquele que não acha em Mim qualquer motivo de tropeço; que pode manter os pés em Meus caminhos; que não escorrega por qualquer obstáculo no caminho pelo qual Eu o tenho conduzido". Ele usa a palavra nesse sentido muito frequentemente, como, por exemplo, quando fala da mão ou do olho ser um motivo de tropeço para um homem, quando denuncia aqueles que levam os pequeninos a serem ofendidos e ao declarar que no dia da Sua glória todas as coisas que ofendem serão arrancadas do Seu Reino (Mt 5.29-30; 18.6; 13.41).

Mas Ele nunca faz uso dessa palavra de modo tão surpreendente como ao declarar a possibilidade de os homens acharem n'Ele razão de tropeçar. Estamos preparados para encontrar isso no mundo, na oposição do diabo, na insinceridade provada dos outros – mas n'Ele?! Essa é, sem dúvida, a mais chocante de todas as Suas advertências! Porque n'Ele encontramos vida e salvação, liderança e paz, inspiração e satisfação. Só pensar em ser possível encontrar n'Ele motivo de ofensa quase nos confunde. Se essa palavra fosse aplicada aos homens do mundo, provocaria pequena ou nenhuma surpresa. Por exemplo: não nos surpreende muito o fato de Ele ter sido tratado de forma tão desdenhosa por aqueles que tão bem O conheciam, os quais ainda diziam: "Não é este o filho do carpinteiro?" (Mt 13.55). Nem estamos totalmente despreparados para descobrir que os fariseus se ofenderam n'Ele quando lhes falou dos maus pensamentos, adultérios, homicídios e coisas semelhantes que procedem do coração dos homens (15.12-20), pois Suas palavras os convenceram de pecado. Não nos surpreendemos muito com o fato de Ele vir a ser uma rocha de tropeço para aqueles que declaradamente são desobedientes às Suas ordens (1 Pe 2.8). Mas que Seus próprios amigos, aqueles que realmente O conhecem e foram admitidos na intimidade da comunhão com Ele, possam achar alguma causa de tropeço, escândalo e ofensa n'Ele é muitíssimo estranho. E o próprio mistério que envolve tudo isso é uma advertência para que nos acautelemos.

A primeira dessas advertências nos dá a chave para o seu significado. João Batista estava definhando na prisão, às margens do Mar Morto, como resultado de ter vivido uma vida da maior fidelidade. Ele tinha sido totalmente leal a Cristo, esplêndido na determinação em relação à sua missão, maravilhosamente corajoso na proclamação da mensagem a ele confiada, e, ainda assim, tudo acabou numa prisão.

QUE TESTE PARA UM HOMEM COMO ESSE!

Parecia que sua fé, sua autorrestrição, sua disposição para diminuir a fim de que Cristo pudesse crescer não haviam sido reconhecidas, mas desmerecidas. Sua experiência contradizia tão completamente a segurança de Deus, tornando fácil entender a perplexidade de mente que o levou a enviar seus discípulos a Cristo, com a interrogação patética: "És tu aquele que estava para vir?" (Mt 11.3). Porque aqui está Alguém que declaradamente veio para libertar os cativos, mas, mesmo assim, não liberta o homem que, mais do que todos os outros, parecia ter direito de exigir algo d'Ele. Jesus proclamou Sua própria missão em termos de simpatia e amor pelos abatidos de espírito, e, mesmo assim, aqui está um homem nessas condições a quem Ele parece não notar.

É de admirar que, no final, a dúvida tenha vencido a fé, de modo que João Batista enviou os mensageiros a Cristo, na esperança de que Ele se declare de modo claro e interprete tal experiência totalmente inexplicável e contraditória àquele que, por um preço muito alto para si mesmo, manteve uma dedicada lealdade ao Filho de Deus? A única resposta de Cristo aos mensageiros é uma demonstração do Seu poder soberano sobre as forças da destruição e morte, uma recomendação para que dissessem a João o que haviam visto e lhe entregar esta mensagem que exige da sua parte uma confiança nova e triunfante: "Bem-aventurado é aquele que não achar em Mim motivo de tropeço". Isso significa que no caminho da bênção será sempre possível experimentar a providência divina de sermos provados. Sua implicação é que existe paz real apenas para o homem que confia em Cristo quando não tem ajudas externas para a fé, que crê n'Ele quando vê apenas a aparente negação da sua confiança e que se firma em sua lealdade a Cristo sem tropeçar quando o tratamento de Cristo prova a perseverança desse homem no grau máximo.

A segunda das palavras de Cristo que mencionamos no início do capítulo nos ajuda a entender como Sua mensagem a João se aplica a nós também: "Tenho-vos dito estas coisas para que não vos escandalizeis". Pronunciadas como foram, na véspera da Sua partida, quando os ardentes testes do discipulado estavam para ser experimentados por Seus seguidores, elas indicam que eles irão precisar manter a alma nas coisas que Ele lhes falou com respeito ao Seu propósito e poder, se quiserem evitar o perigo do tropeço e do afastamento d'Ele. Porque eles são constrangidos a entrar em experiências de prova e esforço, à medida que evidenciarem seus votos de consagração; e "naqueles dias," diz Cristo, "sejam verdadeiros àquela melhor experiência que tiveram de Mim. Descansem naquilo que homem nenhum pode tirar de vocês: o conhecimento pessoal que vocês possuem da Minha graça. Apeguem-se àquelas coisas que lhes tenho falado e mostrado. Sejam leais a Mim. Confiem totalmente em Mim, a despeito de todo mistério inexplicável e de qualquer tribulação aparentemente desnecessária. E assim vocês não tropeçarão, mas serão fortalecidos por essas mesmas coisas que estão todas dentro de Minha ordenação"[2].

Dizer que Cristo não apenas domina os homens, mas também os ilude[3] não significa que somos desleais a Ele. Enquanto Ele os abençoa, também os confunde por serem tão incomparavelmente mais elevados os Seus caminhos e pensamentos do que os nossos. Ele nos induz ao amor e à

---

[2] Uma paráfrase de muitos versículos dos capítulos 14 a 16 de João.

[3] Não no sentido de mentir para nós, mas indicando que, ao segui-lO, muitas de nossas perguntas ficarão sem respostas. Com isso, sentir-nos-emos iludidos, por supor que, ao segui-lO, tudo seria claro, compreensível e óbvio.

lealdade, mas também nos desnorteia chegando ao ponto de nos perturbar. Ele certamente responde às questões do nosso coração, mas, ao mesmo tempo, desperta mais perguntas do que responde. E na vida de todo aquele que realmente O segue sempre haverá, como houve na vida d'Ele mesmo, algum "por quê?" muito grande não respondido[4]. Nenhum de nós jamais ficará isento da necessidade de adquirir pela fé e paciência a bem-aventurança de não se escandalizar com o Senhor.

Imagine um exemplo típico e comum de escândalo. Normalmente não se trata de apostasia aberta, renúncia fria da verdade ou negação amarga de experiência passada. Pelo contrário, ele, o escândalo, começa com o desapontamento de alguma esperança, a falha de uma expectativa, o esgotamento de uma oração não respondida ou a dor de coração que parece não despertar qualquer resposta compassiva de Deus. Tudo isso gera uma desconfiança silenciosa e indescritível; e à medida que meditamos nela, uma sensação de injustiça, um sentimento de não termos sido tratados de forma justa por Cristo cresce e se transforma em sério ressentimento. Até que, depois de algum tempo, Seu jugo se torna cansativo e questionamos Seu direito de controlar nossa vida. O fim de tudo é um secreto repúdio do Seu senhorio e uma renúncia externa de todos os alvos e interesses espirituais. Este é um caso típico de escândalo em Cristo. E quantos há ao nosso redor cuja vida pode ser assim descrita. De pequenos princípios de desconfiança crescem os maiores desastres.

---

[4] Referindo-se ao clamor de Jesus na cruz: "E perto da hora nona exclamou Jesus em alta voz, dizendo: Eli, Eli, lamá sabactâni; isto é, Deus meu, Deus meu, por que me desamparaste?" (Mt 27.46).

Se duas linhas paralelas forem produzidas no infinito, nunca haverá qualquer variação de distância entre elas. Mas deixe haver entre elas uma divergência, em algum ponto, da largura de um fio de cabelo: quanto mais elas avançarem, mais ampla se tornará a divergência, até que um universo de distância as separará. Assim é com nossa comunhão com Cristo. A menor desconfiança ou desobediência é revestida com a potencialidade do infinito; e se ela não for descoberta ou verificada, haverá fatalmente uma eternidade de distância entre a alma e o Salvador. Se, portanto, avaliarmos algumas das imutáveis certezas do discipulado e explorar algumas, pelo menos, das causas perigosas do tropeço em Cristo, poderemos estabelecer também um novo relacionamento de confiança implícita com nosso Senhor e seremos salvos desse perigo ameaçador. E este é, certamente, o alvo da Sua palavra de advertência.

A SEVERIDADE DAS SUAS EXIGÊNCIAS

Quando, nos primeiros tempos, fomos a Cristo, o caminho parecia coberto de rosas e o ar impregnado de perfumes fragrantes e suaves. Por algum tempo, Cristo foi absolutamente franco conosco, não escondendo nada das dificuldades e conflitos que devemos suportar, nossa capacidade de entendimento era tão limitada que só podíamos ver uma coisa de cada vez, e essa coisa era que Cristo preenchia todas as necessidades das quais tínhamos consciência imediata. Assim, marchamos ao som de uma melodia alegre, com a qual nosso coração estava afinado. Mas, pouco tempo após, descobrimos que as condições do companheirismo são severas. Por exemplo: vemos que uma separação verdadeira do mundo em espírito e propósito é totalmente necessária para se manter a comunhão. Descobrimos que não podemos marchar ao som de duas melodias ao mesmo tempo – e as melodias do mundo são realmente sedutoras! Aprendemos que não podemos marchar com Ele e com a opinião popular ao mesmo tempo, com Ele e com o mundo e nem sempre com Ele e com a Igreja que apenas exteriormente assim se professa.

E quando essa descoberta é feita, frequentemente acontece de os homens se escandalizarem n'Ele, pois Sua exigência envolve uma perturbação de alto preço no ajuste da vida do lar, da vida financeira e social, conforme Sua norma. Possivelmente pode significar para alguns a desistência de alguma espécie de popularidade que existe apenas por causa de um silêncio vergonhoso em relação a Ele. Para outros, pode ser a quebra de laços que se tornaram grande parte de sua vida e o sacrifício de prosperidade material que têm algo de injusta. Para todos significa o fim da satisfação própria, a crucificação tendo em vista a coroação, a destronização a fim de haver uma entronização.

E quando tudo isso é entendido claramente, então é que os homens se ofendem com Cristo. Quando Ele diz: "Corta tua mão direita; arranca teu olho direito; abandona tudo o que tens; toma a cruz e segue-Me", então surge o teste que determina tudo. Geralmente os homens retrocedem para não mais andar com Ele. Não é porque eles não O entendem, mas porque O entendem muito bem! Quando Ele é reconhecido não apenas como o Cristo do coração compassivo, mas também como o Cristo da face determinada[5], então grande é a bênção daquele que não fica escandalizado.

---

[5] Referência a Lucas 9.51, 53.

O MISTÉRIO DAS SUAS CONTRADIÇÕES

Geralmente, temos a impressão de não haver simpatia da parte de Cristo no tocante aos nossos melhores desejos, aqueles que têm origem em nossa comunhão com Ele. Por exemplo: você deseja realizar algum grande serviço e cobrir alguma esfera ampla, mas a resposta de Cristo ao seu anseio é dirigir você a enfrentar as dificuldades de uma obra pequena, num lugar onde o reconhecimento do seu trabalho é mínimo ou nenhum. Você pede trabalho espiritual e tudo o que lhe é concedido é uma rotina monótona de obrigações seculares. E você corre o risco de se escandalizar com Ele simplesmente por haver justificativas insignificantes para o tratamento d'Ele para com seu elevado propósito.

Ou, então, você pediu a dádiva do descanso e reclamou Suas grandes promessas nesse sentido, mas a resposta veio na necessidade de conflito severo e contínuo. As chamas da tentação reluzem ao seu redor, não em menor intensidade, mas de forma mais feroz do que nunca, e você fica tanto confuso quanto ofendido diante de tal cumprimento da Palavra sobre a qual você esperava. Quem sabe você tenha desejado uma vida menos sobrecarregada e extenuante, mas a única resposta do Senhor veio na forma de cargas ainda mais pesadas colocadas sobre você. E você está próximo de ficar escandalizado com Ele. O mistério de tudo isso frustra cada propósito sério, e a tentação para desconfiar algumas vezes é demasiada.

Talvez nos ajude lembrar o simples fato de que Ele sabe e faz exatamente aquilo que é melhor para o desenvolvimento e repressão da nossa vida. Na verdade, Ele só não simpatiza com nosso egoísmo. Ele apenas busca destruir dentro de nós qualquer coisa que tenha o gosto do amor-próprio, vanglória, autossuficiência e reproduzir em nós algo da beleza do Seu próprio caráter. Em Suas contradições, corretamente compreendidas, podemos sempre ver a expressão da Sua perfeita sabedoria no tocante aos nossos mais elevados interesses e também os interesses do reino do qual Ele nos tem concedido participar. Assim, "bem-aventurado aquele que não fica escandalizado", que aceita a direção de Cristo como Seu amor e confia n'Ele mesmo "quando o simples confiar n'Ele parece ser a mais difícil de todas as coisas".

A LENTIDÃO DOS SEUS MÉTODOS

Vamos a Cristo e colocamos nossa vida sob Seu controle, na esperança de uma realização imediata de um livramento que nos eleve acima de toda preocupação no tocante à tentação e forças que se opõem a nós. Mas quão desapontadoramente lenta é a realização disso e quão dificilmente são ganhas as vitórias mesmo quando somos refortalecidos por Seu Espírito.

Logo descobrimos que a vida não é uma canção, mas uma guerra; que a graça de Cristo não é um mero êxtase, mas sim uma energia que opera dolorosamente pela justiça em nós e é exigida de nós toda a vigilância da qual somos capazes, seja para ocupar o terreno já conquistado, seja para conquistar novos territórios. E a lentidão de Cristo nessa questão dos nossos próprios conflitos espirituais geralmente é a causa de tropeço para nós. Isso porque ela desaponta, como nenhuma outra coisa, nossas esperanças, contradiz nossos conceitos errados de uma vitória fácil e passiva sobre nossas fortes inimizades. Mas, na verdade, esse método, lento quanto nos possa parecer, é o único que Ele poderia adotar, tendo em vista a grandeza do Seu propósito e a contrariedade da nossa natureza. E cada experiência de vitória, a despeito de quão pequena e insignificante seja, é uma profecia do definitivamente completo triunfo no final.

Se você for ao Observatório Real de Greenwich[6], verá um instrumento delicado, por meio do qual os astrônomos medem a distância das estrelas e também a sua grandeza. Sobre um espelho sensível é refletida a luz dos pontos da estrela; e uma medida dos ângulos nos quais qualquer dois dos raios coincidem fornece informações suficientes para todos os maravilhosos cálculos de milhões de quilômetros. E assim acontece em nossa vida. Pela estimativa do que Cristo já fez, somos assegurados do Seu propósito imutável. Cada partícula de experiência do Seu poder para santificar, purificar, redimir e livrar é profética no tocante ao todo: "... aquele que começou boa obra em vós, há de completá-la..." (Fp 1.6). E se nos apegarmos a esse fato, encontraremos nele inspiração para o firme prosseguir da fé, e não seremos escandalizados por Ele trabalhar de forma tão lenta, mas segura.

---

[6] Fundado em 1675 por Charles II, rei da Inglaterra, nos arredores de Londres. Inicialmente idealizado para determinar a posição dos astros e, principalmente, determinar a longitude, para auxiliar os marinheiros. Neste laboratório foi sugerida a criação dos fusos horários, aprovada em 1884, o que o tornou identificado com a medição oficial do tempo. Greenwich foi transformado em museu.

O mesmo é verdade também com respeito ao progresso do reino, a cujos interesses fomos chamados a servir. Quão frequentemente encontramos, na lentidão com que são alcançados os resultados espirituais, motivo de tropeço em Cristo. Começamos esperando que, quando exaltarmos Cristo, multidões se ajuntarão a Ele. Imaginamos que só precisamos trabalhar fielmente no serviço de Deus e do homem e os resultados com certeza serão manifestados. Mas quão diferente é o que acontece! Quão dificilmente as almas são persuadidas e ganhas! Quão verdadeiro é que o joio cresce junto com o trigo! Quão certo é que aquele que vai levando a preciosa semente precisa das lágrimas enquanto vai (Sl 126.6)!

E a dificuldade para crer que Deus está no campo, quando permanece bastante invisível, é demais para muitos que começam a trabalhar para Ele com elevadas esperanças e crenças destemidas que parecem ser todas injustificadas. À semelhança dos discípulos, eles pensam que o reino de Deus deve surgir imediatamente; e na disciplina do seu entusiasmo e na conversão da sua consagração em constância, eles ficam em condições de tropeçar. Não seria difícil citar exemplo após exemplo para provar isso na obra espiritual, pois quando os resultados são pouco visíveis, geralmente os exemplos são muito reais. O obreiro que prossegue sem o estímulo do sucesso exterior, que prossegue o testemunho do Senhor mesmo quando é confrontado por fria indiferença, que leva avante a obra de Cristo na inspiração dedicada de saber que se trata da obra d'Ee é o que alcança a bem-aventurança de não se escandalizar. E parte disso está na colheita inevitável de toda a sua semeadura e no galardão certo para todo o seu serviço.

A IRRACIONALIDADE DOS SEUS SILÊNCIOS

Mas, talvez, por cima e acima dessas causas sugeridas de tropeço em Cristo está a irracionalidade dos Seus silêncios. Simpatizo-me totalmente com João Batista em sua perplexidade: "Se este é realmente o Cristo, por que Ele não age como Cristo? Por que Ele nada faz para libertar Seu arauto cativo ou para trazer paz ao coração conturbado dele?". Uma visita de Cristo mudaria sua prisão num palácio. Um aperto de mão d'Ee transformaria as trevas de João em glória. Mas Jesus não lhe concedeu isso. O mesmo aconteceu em Betânia, quando Ele deixou Marta e Maria entregues à tristeza por dois longos e enfadonhos dias. Eu me identifico com elas em sua total incapacidade de compreender a demora de Cristo à luz do Seu amor; e também no protesto implícito na palavra com a qual elas O saudaram: "Senhor, se estiveras aqui, não teria morrido meu irmão" (Jo 11.21). Seu silêncio parecia totalmente injustificável.

E ainda parece injustificável quando Ele aparentemente não presta atenção às nossas orações e clamamos como se a um céu silencioso. Quem não conhece essa amarga experiência e a tentação sutil emboscada ali? Você tem orado pela conversão dos seus queridos, mas ainda hoje eles permanecem inflexíveis e impenitentes como sempre. Você orou por coisas temporais que parecem totalmente necessárias, e nenhuma resposta veio. Você buscou alívio de alguma carga opressiva, mas nenhum alívio foi concedido e hoje ela está mais pesada do que antes. E o pensamento de que o silêncio de Cristo é injustificável nunca está distante demais. A lealdade a Ele se torna algo enfadonhamente cansativo, chegando quase à estafa. É quase desculpável ficar escandalizado com Ele.

Mas assim como aconteceu com João na prisão, e com as irmãs em Betânia, e multidões de outros em todas as épocas, Ele não está desatento, mesmo que Seu silêncio pareça indicar isso. Ele está treinando a eles e a nós, para entendermos a fé, para vivermos na esfera do invisível e eterno, para andarmos em Seus próprios passos. Algumas vezes o que chamamos de "oração não respondida" é, sem dúvida alguma, prova de uma bênção muito maior do que a resposta almejada poderia possivelmente ter sido. Quando Cristo responde nossos pedidos com uma negação, podemos estar certos de que a concordância seria para nosso prejuízo. Ele retém misericórdias secundárias para nos ensinar a importância e o valor das principais. Suas negações são para nos enriquecer e não para nos empobrecer. Pois Seus propósitos são amplamente mais vastos do que nossas orações; e enquanto Seu falar possa ser como prata, Seu silêncio é como ouro. "Bem-aventurado aquele que não achar em Mim motivo de tropeço."

"Estas coisas vos tenho dito, para que, a despeito da severidade das Minhas exigências, o mistério das Minhas contradições, a lentidão dos Meus métodos, a irracionalidade dos Meus silêncios, não fiqueis escandalizados." Que coisas eram essas? O que dará segurança ao Seu povo contra o perigo da traição? Quais são as seguranças permanentes da nossa fé? Numa palavra: a confiança em Seu caminho diante de nós – "Eu vim de meu Pai", "Eu vou para meu Pai", "Eu sou o caminho". Depois, a certeza do Seu amor por nós: "O Pai mesmo vos ama". E, por fim, a constância da Sua união conosco: "Vós em Mim, e Eu em vós". Essas são as verdades-embrião de todas as Suas advertências. E a expansão delas está na vida dos que Lhe pertencem. Bem-aventurado é aquele que, descansando nesses fatos de Deus, faz deles os elementos da sua própria vida e prossegue sem escandalizar e sem ficar escandalizado, sempre radiante com "a paz que excede todo o entendimento", e se tornando, de forma crescente, parte da iluminação do mundo à medida que reflete seu Senhor.

Mas tenhamos cuidado para não colocar nenhum valor inadequado sobre nossa *simples compreensão* dessa verdade. Tenhamos cuidado para não superestimar a força das nossas resoluções e recursos. Tenhamos cuidado para não dizer algo como: "Ainda que venhas a ser um tropeço para todos, nunca o serás para mim" (Mt 26.33). Antes, numa dependência sensível e humilde de Cristo, que sempre se expressa numa devoção e lealdade de ferro à Sua Palavra, busquemos viver como homens cuja fé se manifesta. Pois esta é a condição que governa toda a bem-aventurança daquele que não fica escandalizado, daquele que não acha no Senhor motivo de tropeço, daquele que não fica ofendido com seu Senhor.

A COMUNHÃO DOS SEUS SOFRIMENTOS

T. Austin-Sparks

T. Austin-Sparks *nasceu em 1910 na Escócia e partiu para o Senhor em 1971. Uma biografia mais completa dele pode ser encontrada em seus livros* Visão Espiritual *e* O Testemunho do Senhor e a Necessidade do Mundo, *publicados por esta editora.*

Traduzido do original em inglês "The Fellowship of His Sufferings", publicada originalmente na revista *A Witness And A Testimony*, em 1951.

© 2000 Emmanuel Church

© 2001 Editora dos Clássicos

Tradução: Francisco Nunes

"As aflições de Cristo são abundantes em nós"
(2 Coríntios 1.5 – ARC).

"Bendito seja o Deus e Pai de nosso Senhor Jesus Cristo, o Pai das misericórdias e o Deus de toda consolação, que nos consola em toda a nossa tribulação, para que também possamos consolar os que estiverem em alguma tribulação, com a consolação com que nós mesmos somos consolados de Deus. Porque, como as aflições de Cristo são abundantes em nós, assim também a nossa consolação sobeja por meio de Cristo" (2 Coríntios 1.3-5 – ARC).

"Por honra e por desonra, por infâmia e por boa fama, como enganadores e sendo verdadeiros; como desconhecidos e, entretanto, bem conhecidos; como se estivéssemos morrendo e, contudo, eis que vivemos; como castigados, porém não mortos; entristecidos, mas sempre alegres; pobres, mas enriquecendo a muitos; nada tendo, mas possuindo tudo. Para vós outros, ó coríntios, abrem-se os nossos lábios, e alarga-se o nosso coração. Não tendes limites em nós; mas estais limitados em vossos próprios afetos. Ora, como justa retribuição (falo-vos como a filhos), dilatai-vos também vós" (6.8-13).

"Porque, no meio de muitos sofrimentos e angústias de coração, vos escrevi, com muitas lágrimas, não para que ficásseis entristecidos, mas para que conhecêsseis o amor que vos consagro em grande medida" (2.4).

"São ministros de Cristo? (Falo como fora de mim.) Eu ainda mais: em trabalhos, muito mais; muito mais em prisões; em açoites, sem medida; em perigos de morte, muitas vezes. Cinco vezes recebi dos judeus uma quarentena de açoites menos um; fui três vezes fustigado com varas; uma vez, apedrejado; em naufrágio, três vezes; uma noite e um dia passei na voragem do mar; em jornadas, muitas vezes; em perigos de rios, em perigos de salteadores, em perigos entre patrícios, em perigos entre gentios, em perigos na cidade, em perigos no deserto, em perigos no mar, em perigos entre falsos irmãos; em trabalhos e fadigas, em vigílias, muitas vezes; em fome e sede, em jejuns, muitas vezes; em frio e nudez. Além das coisas exteriores, há o que pesa sobre mim diariamente, a preocupação com todas as igrejas" (11.23-28).

"Porque a mim me parece que Deus nos pôs a nós, os apóstolos, em último lugar, como se fôssemos condenados à morte; porque nos tornamos espetáculo ao mundo, tanto a anjos, como a homens. Nós somos loucos por causa de Cristo, e vós, sábios em Cristo; nós, fracos, e vós, fortes; vós, nobres, e nós, desprezíveis. Até à presente hora, sofremos fome, e sede, e nudez; e somos esbofeteados, e não temos morada certa, e nos afadigamos, trabalhando com as nossas próprias mãos. Quando somos injuriados, bendizemos; quando perseguidos, suportamos; quando caluniados, procuramos conciliação; até agora, temos chegado a ser considerados lixo do mundo, escória de todos" (1 Coríntios 4.9-13).

"Porque não queremos, irmãos, que ignoreis a natureza da tribulação que nos sobreveio na Ásia, porquanto foi acima das nossas forças, a ponto de desesperarmos até da própria vida. Contudo, já em nós mesmos, tivemos a sentença de morte, para que não confiemos em nós, e sim no Deus que ressuscita os mortos; o qual nos livrou e livrará de tão grande morte; em quem temos esperado que ainda continuará a livrar-nos" (2 Coríntios 1.8-10).

Há realmente muita coisa sumarizada nas passagens citadas, mas o que eu tenho em meu coração para dizer será restrito a duas coisas: primeira: os sofrimentos e o sofrimento; segunda: a necessidade e o valor dos sofrimentos.

O FATO E O ALCANCE DO SOFRIMENTO

Pouco precisa ser dito, eu penso, sobre o fato dos sofrimentos. Nós sabemos que o povo de Deus não está isento de sofrimentos. Esse assunto, creio, não precisa ser desenvolvido. Mas há muitos sofrimentos nos quais os cristãos entram *por serem o povo de Deus*; e isso, talvez, necessite de alguma consideração. Há sofrimentos que trazemos sobre nós mesmos, sofrimentos que não necessitamos ter, mas eu não estou me referindo a esses. Eu estou falando sobre os sofrimentos de Cristo: falando sobre o fato desses sofrimentos, que eles são uma porção comum do povo de Deus e que, quando eles vêm a nós, nada há de errado nisso. Na verdade, inicialmente devemos ver que normalmente entendemos isso completamente ao contrário.

Mas quando pensa sobre aqueles sofrimentos, dos quais Paulo é o grande exemplo e intérprete, você é levado a ver que eles não eram apenas incidentes, fatos locais ou terrenos. Mesmo quando eles tomavam uma forma legal e terrena e colorida por causa das situações, circunstâncias e eventos, eles tinham um alcance muito maior do que qualquer coisa incidental, local, temporal e terrena. O alcance daqueles sofrimentos é nada menos do que espiritualmente universal. Eles têm um alcance para além de nós mesmos, nosso círculo, nossa vida, nosso tempo e para além de qualquer coisa aqui e agora. Eu usaria a palavra "dispensacional", mas talvez isso fosse mal compreendido. Os sofrimentos de Paulo compreendem a dispensação[1] e têm virtudes para hoje, após estes muitos séculos, e têm tocado cada esfera: a celestial e a diabólica. Esses sofrimentos são mais do que apenas incidentes na vida, por mais dolorosos que possam ser. Eles estão colocados dentro de um campo de significado e efetividade. Eles são, em sua maior parte, a reação de um vasto e poderoso sistema de antagonismo para tudo o que é de Cristo.

Nós devemos, então, aceitar o fato de haver sofrimentos como aqueles e ajustar-nos para o significado espiritual disso. Se você e eu sempre abraçarmos a ideia de que a vida cristã deve ser um perpétuo piquenique, conduziremos a nós

---

[1] Período da graça, ou era da Igreja, subentendido.

mesmos para todo tipo de dificuldade, perplexidade e desapontamento. Se nós buscarmos escapar dos sofrimentos de Cristo, estaremos cortando os órgãos vitais de todo nosso ganho espiritual. Preste atenção a isso. Nós temos de aceitar o fato de que, sendo do Senhor aqui, nossa herança é uma herança dos sofrimentos de Cristo, e nós não podemos buscar evitá-los.

O SOFRIMENTO DENTRO DOS SOFRIMENTOS

Tenho usado a palavra sofrimento, singular, para designar o sofrimento que está dentro dos sofrimentos, plural. Algumas vezes é o sofrimento que produz os sofrimentos. Tome Paulo, por exemplo, e o sofrimento ao qual ele se refere em 2 Coríntios 1.8-10: "... a natureza da tribulação[2] [ou aflição] que nos sobreveio na Ásia...". A palavra "aflição" aqui é de uma raiz latina que significa "um mangual"[3], e isso descreve o uso de um mangual sobre o corpo nu de um homem amarrado, machucando, quebrando e destruindo. É uma palavra muito forte. Paulo disse que foi isso o que aconteceu com ele na Ásia. "... foi acima das nossas forças, a ponto de desesperarmos até da própria vida. Contudo, já em nós mesmos, tivemos a sentença de morte..." É como se ele dissesse: "Nós tivemos a resposta a nossas indagações; a resposta foi: Isso é morte!".

---

[2] A palavra grega traduzida como "tribulação" nesse versículo é traduzida também como angústia (1.4), sofrimento (2.4), aflição (6.4) e sobrecarga (8.13). Na frase seguinte, conservamos "aflição" como no original em inglês.

[3] Instrumento de debulhar cereais, constituído por duas varas, uma maior (*pírtigo*), que serve de cabo, e outra menor (*mango*), unidas por uma correia; correia com que se açoitam animais; relho.

Isso é o sofrimento dentro dos sofrimentos. Você não pode pensar, nem por um momento, que isso seja somente algo físico. Um homem que podia passar por todas aquelas experiências que foram registradas em relação a Paulo, e que podia dizer que partir e estar com Cristo era muito melhor, não tinha medo de morrer. Não mesmo! Deve ter havido algum sofrimento dentro dos sofrimentos: "foi acima das nossas forças" indica que havia alguma coisa interior. Isso não foi dito porque ele estivesse desesperadamente doente e poderia morrer a qualquer momento. Então, que é isso? Esse sofrimento pode ter-se devido às informações que lhe foram dadas sobre as condições em Corinto, pois por aquele tempo ele havia recebido as notícias da terrível situação em Corinto, registrada nas epístolas; além disso, ele disse que havia o que pesava sobre ele diariamente: a preocupação com todas as igrejas (11.28). Se considerarmos que foi uma doença física que o acometeu, nós sabemos que doença no corpo é muito frequentemente causada por sofrimento de coração; os sofrimentos exteriores são, muitas vezes, o resultado de agonias interiores. Sendo assim, temos aqui o sofrimento dentro dos sofrimentos.

Aqui está um sofrimento espiritual pela causa de Cristo, e o que Paulo chama, nesse trecho, de "a sentença de morte", apesar de estar além de nossa explanação, ainda nos sugere que ele estava, espiritualmente, em um terrível estado por causa de certas condições. Se eu fosse tentar reescrever essa situação, eu poderia dizer que Paulo havia recebido aquelas notícias terrivelmente ruins sobre a situação na igreja em Corinto, com, talvez, outras de outras regiões também, e ele se viu sob sofrimento e disse: "Isso é digno? Não é tudo em vão? Isso não é uma situação absolutamente sem esperança? Eu não estou desperdiçando minha vida ao me derramar por essas pessoas?". Quando você começa com isso, não há mais fim. Você descerá e descerá até que águas de desespero gradualmente o afoguem. Você tenta orar e não consegue, pois um homem em dúvida nunca pode orar. Ele pode chorar, mas não pode orar[4]. Um homem que foi levado para aquele tipo de consideração não pode orar; os céus lhe estão fechados. E Paulo, ainda falando, se interroga e diz: "Qual é o significado disso?". A resposta é: "É morte; aquilo leva à morte. Se você descer, não há caminho pelo qual passar e não há caminho para cima. Esse é o fim de tudo: morte!".

Eu não quero ir além com o que vejo sobre como Paulo veio para esse ponto de virada e para essa tão grande libertação. Isso não está em nossa presente consideração. Minha ênfase nesse momento é que a morte mencionada aqui era espiritual, não física. Ele estava provando algo da verdadeira natureza da morte. Morte é o sentimento de ser excluído de Deus, de céus sendo fechados, de não haver caminho através nem para fora, calado e preso, no fim de tudo, e isso registrado em nossa alma e sobre ela. Isso é mais do que morte física. Alguns de nós mais de uma vez podem ter se sentido felizes em pensar em morrer fisicamente. Mas uma coisa completamente diferente é morte espiritual, e isso é terrível, é horrível; não há nenhuma alegria em relação a ela. Provar isso é conhecer alguma coisa dos sofrimentos de Cristo. Esses sofrimentos podem ser conhecidos por outros meios, mas nós não estamos tentando aqui definir em detalhes a plenitude do alcance dos sofrimentos de Cristo, mas somente enfatizar o fato deles.

---

[4] "Não poder" no sentido de "não ser capaz", não de "não lhe ser permitido".

A NECESSIDADE E O VALOR DOS SOFRIMENTOS DE CRISTO

Qual é o ponto importante para nós? Cada um de nós terá de fazer sua própria aplicação, pois eu não sei por que sou dirigido a essa mensagem; somente o Senhor conhece Sua própria sabedoria. Mas há alguns aspectos muito práticos relacionados a essa mensagem, os quais veremos agora. É preciso ficar definido para nós, de uma vez por todas, que os sofrimentos de Cristo são uma absoluta necessidade. Quero dizer algo muito forte: se você nada sabe sobre os sofrimentos de Cristo, há algo errado com você como cristão. Eu não estou, sem dúvida, falando daqueles que apenas entraram na vida cristã, apesar de o sofrimento ser, algumas vezes, encontrado logo no início. Mas obediência e fidelidade prontamente levam à experiência dos sofrimentos de Cristo sob alguma forma. Se você está evitando esses sofrimentos, se você está se rebelando contra eles, você está tomando um caminho totalmente errado. Eles são o verdadeiro destino dos filhos de Deus. Eu não digo que cada um de vocês os terá na mesma medida ou do mesmo tipo, mas você irá tê-los. Pergunte ao Senhor se seus momentos ruins, afinal de contas, não correspondem a esse fato. Você pode estar pensando neles meramente como circunstâncias e desapontamentos trabalhando para sua desgraça, para seu prejuízo. Mas veja se eles não estão, na verdade, ligados com sua vida espiritual, se eles não estão relacionados com seu crescimento espiritual. Interrogue-se, examine essa questão.

REALIDADE PELO SOFRIMENTO

Os sofrimentos são necessários para muitas coisas, a primeira das quais é: manter as coisas reais, práticas e atualizadas. O Senhor não permitirá que qualquer um de nós viva sobre o passado, sobre uma teoria, sobre uma tradição, sobre uma doutrina apenas como doutrina. Antes, Ele irá permitir-nos viver somente no que é real, prático e atualizado, e, sendo feitos como somos, nós não viveremos a não ser para o que fomos feitos. Eu poderia fazer várias confissões pessoais agora, mas elas não teriam muito valor, exceto como ilustração. Se eu conheço, mesmo que apenas um pouco acerca do Senhor e das coisas d'Ele, eu posso dizer a você, de maneira perfeitamente franca, que isso é decorrência do sofrimento. Eu não posso e não desejo aprender a não ser o que o Senhor tem-me feito aprender, e tem-me ensinado nessa escola muito profunda e prática onde coisas foram mantidas sempre atualizadas, e onde cada pequena parte de ministério salta de alguma nova experiência. Isso é uma lei que se aplica a todos nós. O fato é que esses sofrimentos são absolutamente essenciais a fim de manter as coisas reais, e você sabe tão bem como eu que as pessoas querem realidade. Elas têm o direito de dizer: "Como você pode saber disso? Você provou isso? Quanto isso tem valido para você nas horas mais difíceis da vida, quando as coisas estão acima do seu poder? Você provou, nessas horas, que isso é verdade?". Se nós não formos capazes de dizer com absoluta sinceridade de coração: "Eu encontrei o Senhor dessa maneira em minha experiência atual; eu testei aquela verdade e a provei como real", então, nós seremos uma fraude. O Senhor não tem lugar para fraudes; portanto, Ele nos mantém atualizados. Realidade é obtida pelo sofrimento.

CRESCIMENTO PELO SOFRIMENTO

Progresso e crescimento são também obtidos por esses meios. Toda a natureza declara isso. Crescimento, desenvolvimento, aumento são por meio daquele poder de expansão que cria atrito, gemido e dor dentro de um organismo, e na vida espiritual ocorre o mesmo. Nós falamos sobre dores do crescimento. Eu creio que isso seja considerado não científico agora, mas é uma expressão muito útil. Sim, existem dores do crescimento, e os sofrimentos de Cristo nos membros de Seu Corpo estão relacionados ao crescimento. A diferença aqui é que, no primeiro caso de dor do crescimento, é o crescimento que está acontecendo que causa as dores, enquanto aqui, no que temos tratado, são as dores que produzem o posterior crescimento. Nós crescemos por meio do sofrimento – não há dúvidas sobre isso. Mostre-me uma vida espiritual madura e você irá me mostrar a corporificação de muito sofrimento de todo tipo – nem sempre físico –, uma vida que passou por muitas coisas. Paulo encontrou seu ponto de virada aqui: "... para que não confiemos em nós e sim no Deus que ressuscita os mortos..." (2 Co 1.9), uma nova descoberta que veio das profundezas. Aqui ele tocou a base, ele descobriu Deus de maneira nova: o Deus que ressuscita os mortos. Todo conhecimento de Deus vem por essa via. Esse é o valor do sofrimento.

HABILIDADE PELO SOFRIMENTO

Mas vamos notar, mais uma vez, o que Paulo diz em 2 Coríntios 1: "É ele [Deus] que nos conforta em toda a nossa tribulação, para podermos...". Oh, há muito aqui! É como se ele estivesse falando de um estoque para fazer negócios, dos meios para o serviço a Deus. Nós podemos frequentemente ter dias maus por causa de nossa falta de habilidade em muitos aspectos, comparando-nos com outras pessoas e deplorando nossa falta de habilidade nesse ou naquele aspecto. Oh, sofremos por falta de habilidade! Mas, afinal de contas, qual é a maior habilidade? A melhor e mais frutífera habilidade é ser capaz de ajudar pessoas nas profundas experiências da vida espiritual, ser capaz de explicar-lhes o significado dos tratamentos de Deus com elas, ser capaz de mostrar-lhes o que Deus espera que surja de tudo aquilo, ser capaz de dar-lhes algum apoio pelo aconselhamento que brota de um conhecimento real, de algo daquele conforto que nós mesmos recebemos de Deus. Esse é o serviço real, isso é a edificação do Corpo de Cristo, a casa de Deus: ser realmente capaz, de uma maneira espiritual, de fortalecer o que está sofrendo. Isso vem por meio do sofrimento.

Hoje, você está passando por isso, você está tendo dias ruins? O que você está sacrificando com isso? Você é do Senhor? Sua vida está comprometida com Ele? Então, veja se você realmente pode, de maneira clara e adequada, separar seus dias maus de sua vida espiritual. Se você puder, tudo bem; apenas inscreva tudo isso como a porção comum de qualquer um que não seja cristão. Não, você não pode separar essas coisas. Elas estão amarradas, estão juntas. Elas vão ter um efeito sobre você, de uma maneira ou de outra, dependendo de sua escolha, quer para o crescimento espiritual, quer para perda espiritual. Mas, oh, vamos nos ajustar a este fato! Se os sofrimentos *de Cristo* são abundantes em nós, eles são os sofrimentos de Cristo. Eles podem ser sofrimento de alma, eles podem ser na esfera física, eles podem ser uma combinação de ambos, mas o Senhor é soberano nesses sofrimentos para grandes, benéficos e valiosos fins.

Para concluir, quero relembrar você de outra palavra que o apóstolo dirigiu para aqueles coríntios: "...[eu] vos escrevi, com muitas lágrimas, não para que ficásseis entristecidos, mas para que conhecêsseis o amor que vos consagro em grande medida" (2.4). Você não pode ter amor sem sofrimento. As duas coisas andam juntas e marcam você; sua disposição para sofrer e sua atitude em relação ao sofrimento irão provar seu amor pelo Senhor. Muitas pessoas não estão experimentando os sofrimentos de Cristo porque elas não têm suficiente amor por Seu povo. Se você realmente tem um coração de amor por um filho de Deus, sofrerá por aquele filho de Deus. Se você tem um coração de amor pelo povo de Deus, sofrerá pelo povo de Deus. Se você tem um coração de amor por um grupo do povo de Deus com o qual Ele uniu você, sofrerá por esse grupo. Se você tem um coração de amor por seu Senhor, sofrerá com seu Senhor quando vir o nome d'Ele desonrado e Seus interesses mudados. Nosso amor é a medida de nosso sofrimento. Se nosso sofrimento é pequeno, pode ser que o grande erro seja que nosso amor é muito pequeno.

O HOMEM QUE DEUS USA

Herbert L. Roush

Herbert L. Roush *nasceu em 1928 e teve a sua experiência com o Senhor com cerca de vinte anos. Logo após sua conversão, começou a testemunhar ativamente de sua fé e, em pouco tempo, foi ordenado obreiro na sua congregação.*

Cuidava de sete igrejas rurais na região montanhosa de West Virginia, nos Estados Unidos. Seus estudos particulares na Palavra de Deus (ele nunca frequentou seminário ou instituto bíblico) levaram-no a conflitos com a situação da Igreja em sua época, e alguns anos depois ele começou um grupo de estudo em sua própria casa.

Percebendo que até a igreja que se formou a partir desse grupo estava se tornando uma instituição humana, ele procurou, por meio de estudos sistemáticos, versículo por versículo, a verdadeira liberdade da Nova Aliança e da mensagem de graça pela cruz de Cristo.

Traduzido do original em inglês "The Man God Uses", publicado originalmente na revista *A Witness And A Testimony*, em março de 1965.

> *"Disse-lhe, porém, o Senhor: Vai, porque este é para mim um vaso escolhido, para levar o meu nome perante os gentios, e os reis, e os filhos de Israel, pois eu lhe mostrarei quanto lhe cumpre padecer pelo meu nome"* (Atos 9.15-16 – IBB).

Não há homem na face da terra que viva uma vida mais incomum como aquele homem que Deus decide usar para Sua glória e louvor. Se ele há de ser mensageiro de Deus, pastor de Cristo, o vaso do Espírito, então, ele, forçosamente, deve ser um instrumento preparado pela mão de Deus da forma que seja necessária para equipá-lo. A mensagem que ele leva é uma mensagem viva, pois é a vida do próprio Cristo. Visto ser uma mensagem viva que ele proclama pelo poder do Espírito, então, ele, obrigatoriamente, precisa ser levado a "viver" essa mensagem dentro dos limites da sua própria experiência.

Ele pode se elevar às alturas da glória do monte Sião hoje para poder proclamar que viu o Rei de Deus no santo monte de Sião e, no dia seguinte, pode se encontrar afundando nas profundezas do desespero, a fim de aprender e revelar aos outros o Lírio mais doce que jamais adornou o vale da derrota: Jesus! Ele pode se encontrar com Jesus e Moisés no monte da transfiguração hoje e amanhã ser achado sangrando e morto nas ruas de Jerusalém e colocado como um tolo diante da contemplação de um mundo que rejeita a Cristo. Ele pode se mostrar ousado num momento entre os filósofos deste mundo, enquanto fala com eloquência das riquezas da graça de Deus, e, em seguida, ser achado em fraqueza, temor e tremor, demonstrando linguagem desprezível e contemplado pelos outros como um falso apóstolo. Tudo isso para que Deus possa moldar em sua alma uma determinação inabalável de pregar a Cristo e Este crucificado.

Deus afina suas emoções como um excelente harpista antes de cada concerto, para que ele possa extrair delas a música que vibra a alma e inunda seus ouvintes de alegria. Pode ser necessário um aperto numa nota e um afrouxamento em outras, mas quando tudo está sob as habilidosas mãos do Mestre, cada uma produz sua mensagem oculta. Ele é elevado a certa altura da verdade para logo depois ser despedaçado nas rochas da incredulidade, a fim de que possa sentir a desesperança dos seus ouvintes e assim pregar a eles com um coração compassivo. Constantemente ele está na fornalha, e antes que o calor da batalha cesse, o martelo e as tenazes começam a moldar uma nova ferramenta para a glória de Deus. Essas experiências provam o homem de Deus e geralmente fazem dele um monstro de irracionais proporções. Todos estes tratos violentos e suas transações com Deus em águas profundas tendem a levá-lo, sem causa aparente, à depressão e períodos quase insuportáveis de melancolia. Sua âncora em cada tempestade é a solene verdade de que o poder da ressurreição de Cristo só pode ser transfundido por meio da comunhão dos Seus sofrimentos.

OBRA E VONTADE DE DEUS

Que essas "coisas" são a obra e a vontade de Deus não pode ser negado diante das palavras de Romanos 8.28: "Sabemos que todas as coisas cooperam para o bem daqueles que amam a Deus...". Seria bom nos lembrarmos do velho e querido Elias, que, um dia, enquanto caminhava com Deus, percebeu-se mais perto do lar do céu do que do lar da terra e foi para a glória. Quando, por fim, foi esquecido pelos clérigos dos seus dias, eles escreveram seu atestado de óbito com as irônicas palavras: "Pode ser que o Espírito do Senhor o tenha levado e o lançou em algum dos montes ou nalgum dos vales" (2 Rs 2.16). Assim foi sua porção terrena.

No final, seu ir para casa no redemoinho trouxe as respostas para as experiências inexplicáveis da sua alma, pois elas foram achadas para louvor, glória e honra. Elias se foi, mas seu manto voou para a terra, e Eliseu o usou por algum tempo e também foi para a glória. Todavia, a rude vestimenta do profeta do deserto tem sido transmitida de geração a geração, e ainda é a mesma. Aquele que for usá-la levianamente deve considerar isso atentamente: junto com o manto vêm as experiências da árvore de zimbro (1 Rs 19), o ódio de todos os Acabes e Jesabéis da terra (v. 2), a indiferença dos Obadias (18.3-16), mas também, bendito seja Deus, a porção dobrada do Espírito de Elias, as carruagens e cavalos de fogo e os golpes nas águas do Jordão (2 Rs 2.9-14)! Mas que todos os interessados se lembrem disto: quando a cabeça embranquecida do profeta se curva em derrota, e ele chora debaixo da sua árvore de zimbro com saudades do céu, ninguém menos do que um anjo de Deus pode tocá-lo[1].

O SERVO DE DEUS E A DEPRESSÃO

A depressão sem causa é um monstro que não pode nem ser avaliado. Se não fossem os bolos e a botija de água num momento de necessidade, esses vasos de Deus sucumbiriam nas garras da morte daquela indefinível, incompreensível, inexplicável, indescritível nuvem de desânimo e densas trevas chamada "depressão". Existem momentos, como disse o anjo, em que a jornada é grande demais e há necessidade de dormir até que Deus ministre a ele e o capacite a prosseguir por mais quarenta dias e noites, na força daquele ministério.

A ARDENTE PROVA

Nosso irmão Pedro aconselhou que não devemos considerar a provação que vem para nos provar como se

---

[1] No sentido de nenhum consolo humano ser suficiente.

algo estranho estivesse nos acontecendo (1 Pe 4.12). Não, isso não foi nada estranho para os muitos que já foram para a glória antes de nós. Essa foi a porção de todos eles. Não podemos tomar levianamente as solenes palavras de Paulo de que ele teve dificuldades na Ásia, que foi pressionado além da medida, acima das suas forças, e quando essa tempestade alcançou seu ápice, o grande coração do homem que abalou Roma desesperou-se da própria vida! Não podemos esquecer facilmente esse testemunho de que, enquanto estava na Macedônia, sua carne não teve descanso. Ele foi pressionado de todos os lados: lutas por fora, temores por dentro. Beba profundamente do cálice dos seus sofrimentos, extraído do poço das experiências, quando ele diz que ficou abatido e em grande necessidade de encorajamento.

Veja Elias, depois de vencer os profetas de Baal, chorando como uma criança e tremendo como uma folha no vento do outono. Veja Moisés em sua tenda, dizendo a Deus que ele não pode prosseguir com aquele povo de dura cerviz. Ouça as muitas testemunhas que nos rodeiam e comprove se cada homem que Deus achou por bem usar como uma flecha polida em Sua aljava não foi preparado na prensa das circunstâncias grandes demais para serem suportadas e temperados sob o peso do desespero. Lutero geralmente saltava dos cumes das montanhas da alegria para as insondáveis profundezas do abatimento e, como me foi dito, adormecia soluçando seu último sono, como uma criança amedrontada. Alguns dos meios empregados nestes tempos de prova podem nos dar algum vislumbre da carga que eles levaram.

O HOMEM QUE DEUS USA VIVE UMA VIDA SOLITÁRIA[2]

"Na minha primeira defesa, ninguém foi a meu favor; antes, todos me abandonaram" (2 Tm 4.16). "... Demas, tendo amado o presente século, me abandonou..." (2 Tm 4.10). "... e eu [Elias] fiquei só, e procuram tirar-me a vida" (1 Rs 19.10).

O homem que Deus acha por bem usar, pela Sua graça, para abençoar outros e para Sua própria glória deve ser levado a ficar sozinho na presença d'Ele. Somente o homem que esteve *sozinho* no deserto por três anos e meio, Elias, saberá o que significa enfrentar um Acabe e uma Jezabel. O homem que Deus usa para mandar descer fogo do céu terá de se submeter à disciplina da solidão. Se um homem deseja receber a revelação de Jesus Cristo, ele deve aceitar a solidão da ilha de Patmos[3]. A revelação da graça de Deus é quase sempre e invariavelmente aprendida na solidão da Arábia, quando até mesmo os irmãos não estendem a destra da comunhão durante quatorze anos[4].

O homem que deseja conhecer a Deus na sarça ardente deve sofrer a rejeição nas mãos do mundo e dos irmãos e se retirar para o deserto de Midiã para estar *a sós* com Deus[5]. Dele é exigido que deixe tudo para seguir a Jesus.

---

[2] Este assunto é tratado com clareza no capítulo "Os Santos Devem Andar a Sós", no livro *O Melhor de A. W. Tozer*, Editora Mundo Cristão, São Paulo, 1997.

[3] Como o apóstolo João, em seu exílio (Ap 1.9).

[4] Os Como ocorreu com o apóstolo Paulo (Gl 1.18; 2.1).

[5] Como aconteceu com Moisés (Êx 3).

Isso geralmente requer que ele seja compelido para fora do acampamento mais do que outros[6], a fim de que possa desafiar os santos a uma conduta mais elevada. Ele aprende a adorar, apoiado no seu bordão[7], com um olhar de receio em relação a todos aqueles que possam se oferecer para sustentá-lo ou fortalecê-lo, pois isso pode se tornar apenas outra cana quebrada que há de traspassar sua mão já tão ferida (Is 36.6). Esse caminhar e treinamento chamado solidão produz dois resultados em sua vida:

1. Seus Conflitos Interiores Não Podem Ser Revelados.

Quando tenta explicar a fonte da sua dor, visando a encontrar simpatia ou alívio, ele descobre que seus conflitos interiores não podem ser revelados aos outros, a fim de que os homens não o considerem louco e Deus não seja despojado da glória de ser tudo para ele. Ele deve sofrer sozinho com seus conflitos, como um fogo que arde nos ossos e só Deus conhece, entende e apaga. Isso produz nele uma tendência de não sentir simpatia ou entendimento humano[8].

2. Desapontado com a Aparente Indiferença dos Irmãos.

Seu fardo se torna mais pesado quando, à semelhança do Senhor Jesus no Getsêmani, em Sua maior agonia, espera em vão dos irmãos sonolentos, inconscientes do grande temor e

---

[6] Como aconteceu com Jesus (Hb 13.12-13).

[7] Como aconteceu com Jacó (Hb 11.21).

[8] No sentido de não buscar isso para si mesmo.

necessidade da Sua alma. Frequentemente, ele fica chocado com a aparente indiferença dos irmãos e retorna para a agonia desconhecida, com um fardo ainda mais pesado do que antes. Isso geralmente o deixa exposto ao pecado de um coração crítico e que busca as falhas dos outros.

O HOMEM QUE DEUS USA VIVE UMA VIDA SOBRECARREGADA

Ele leva em seu coração, se é realmente um vaso do Senhor, um fardo que não pode compartilhar com ninguém, a não ser com aqueles que conhecem o mesmo fardo, em sua própria experiência. O enorme peso da responsabilidade Divina o leva a clamar: "Quem é suficiente para estas coisas?". Muitas vezes, ele resolve deixar sua posição e fugir para uma ocupação lícita, visando ao alívio e descanso, mas é atado por um inescapável "ai de mim se não pregar o Evangelho!"[9]. Ele geme em sua habitação terrena, debaixo do fardo, e abandonaria tudo para ir pescar se não fosse pelo constante lembrete de que haverá um dia quando ele deverá sair molhado do mar da vida para encarar um Senhor de coração pesado e ouvi-lO dizer: "Amas-Me?"[10]. Esse fardo o homem de Deus tenta, de tempos em tempos, carregar por si mesmo. Ele clama: "Esse povo é demais para mim". Ele se afunda debaixo desse fardo até aprender que o encargo pertence ao Senhor e que Seu fardo é leve e Seu jugo é suave. O fardo constante de estudar a Palavra de Deus

---

[9] 1 Coríntios 9.16.

[10] João 21.7, 15.

tende a torná-lo esgotado, como disse o Pregador em Eclesiastes: "O muito estudar é enfado da carne" (12.12). A palavra "enfado" traz a ideia de cansaço e fadiga. Um Demas que nos abandona, um irmão que deve ser resistido na face, um irmão professo que levanta o calcanhar contra nós enquanto come o pão do amor e da comunhão conosco podem tirar de nós, em poucas horas, aquilo que dez anos de trabalho honesto com as mãos não poderiam.

O HOMEM QUE DEUS USA VIVE EM FRAQUEZA

Considere que Romanos ensina que todos temos fraquezas; caso contrário, por que o Espírito de Deus nos ajudaria nelas? Essas fraquezas podem ser fontes físicas de desânimo. Essas fraquezas físicas podem consumir nossas reservas de força até que, em nossas fraquezas, somos conduzidos à força do Senhor. Se realmente conhecêssemos o calor das fornalhas no qual alguns homens labutam e caminham, haveríamos de reconhecer que a graça ainda tem seus mártires sendo queimados diariamente, como sacrifícios vivos nas estacas invisíveis para os homens. Se pudéssemos ver o conflito interior sob o qual alguns homens pregam e trabalham, ficaríamos sempre maravilhados com a Graça que os sustenta e não com a depressão intermitente que os esmaga. Haveríamos de glorificar a Deus por Suas muitas vitórias em vez de magnificar as poucas derrotas deles. Os santos se assentam aos pés do homem de Deus enquanto ele ministra e se deleitam com a fonte de águas vivas, mas alguns nunca tomam conhecimento de que essas águas refrescantes foram retiradas da rocha fendida da própria alma deles.

Ele está envolvido constantemente com uma luta oculta que se trava entre duas convicções:

1. Que seu corpo é um sacrifício vivo para Deus e, como tal, é o templo do Espírito Santo, e deve ser assim cuidado;

2. Que, como um sacrifício vivo, ele deve gastar-se e ser gasto, derramado sobre o sacrifício e serviço de fé dos santos (Fp 2.17).

Ele é importunado pelo pensamento de que o corpo do seu Senhor foi quebrado por ele e, por isso, não pode fazer menos. Enquanto o conflito se trava, e cada dia que passa fica mais certo de poder reconciliar esses dois pensamentos opostos, ele se move com passadas incomuns. Ele é impelido hora a hora pelo chicote incessante de um encargo de conhecer mais a Palavra de Deus, até que, ocasionalmente, o estudo se torna uma prisão, e seus livros barras de ferro que o algemam às colunas da responsabilidade. Ele esquece, ou ninguém o faz lembrar, que todo animal de carga deve eventualmente ser conduzido ao descanso e todo campo deve repousar para não se tornar estéril ou infrutífero. Ele se esquece de que todo trabalhador deve ter um tempo para afiar suas ferramentas e se restaurar, e geralmente a agradável e moderada ação de cuidar do seu corpo é tragada pelo zelo da casa do Senhor.

O HOMEM QUE DEUS USA SOFRE FRUSTRAÇÃO

Essa é uma fonte enorme de desencorajamento. Repentinamente, o homem de Deus vê que há tanto para fazer e tão pouco tempo para ser usado. Ele pode estar em doce comunhão na Palavra e com a Palavra de Deus e, de repente, resplandecendo das suas páginas, surge a mensagem: "Uma vida só, que logo passará; e só o que é feito para Cristo permanecerá". Ele considera o quanto ainda está por fazer, vê-se como um "gafanhoto" aos seus próprios olhos e, então, cai prostrado em desespero. Ele considera o campo enorme a ser lavrado (o mundo) e comprova o quanto seu arado precisa ser amolado, quão forte é o calor do sol e quão áspero é o cabo do arado. Seus pequenos esforços parecem tão inúteis, e ele se julga incapaz, enquanto olha para trás desanimado. Ele ouve o Senhor Deus dizer: "Clama a plenos pulmões, não te detenhas, ergue a voz como a trombeta e anuncia ao meu povo a sua transgressão e à casa de Jacó, os seus pecados" (Is 58.1). Ele leva a trombeta aos lábios enfraquecidos e quase sempre produz um sonido incerto. Tudo isso resulta numa torrente ardente de frustração liberada sobre sua alma, exigindo a paciência de Jesus e o bálsamo de Gileade para restaurá-lo ao seu lugar de serviço.

O HOMEM QUE DEUS USA É ATACADO POR SATANÁS

Como aconteceu com Paulo em Filipos, quando, ao sair para orar, uma menina endemoninhada o conturbou e foi preciso tratar com esta interrupção satânica primeiro antes que pudesse haver oração. Onde quer que haja um Jó, haverá um Satanás para acusá-lo falsamente e conseguir de Deus a chance para tentar sua vida de modo incomum. O homem de Deus luta diariamente com principados e potestades e aprende cedo em seu ministério a reconhecer aquele combate invisível em cada coisa aparentemente inocente em sua vida. Ele contempla essa operação do inimigo em seus próprios filhos, em outros cristãos, em inimigos e amigos. Coisas boas e más são investigadas visando a detectar o ataque e armadilha invisíveis do diabo.

Mas muitas vezes, em vez de vigiar e orar, ele dorme, como os discípulos do passado, e é vencido e levado cativo. Esses ataques se concentram no vaso que Deus usa. Ele pode ficar firme diante de uma multidão murmuradora num momento e logo depois ir para sua tenda e adormecer na solidão, depois de chorar bastante. Exatamente quando sente que Deus abençoou seu ministério e se acha pregando para as multidões, os milhares repentinamente lhe viram as costas e manifestam que realmente não querem as palavras de vida eterna. Desapontado, ele se volta para os doze que ficaram e descobre, com coração desalentado, que um deles é um traidor. Isso é, às vezes, mais do que ele pode suportar por um instante.

Ele resiste a uma torrente de flechas atiradas pelo arco de um infiel, para simplesmente cair mortalmente ferido por um dardo lançado pela boca de um irmão. Ele é constantemente acusado de uma ou outra coisa, e o gotejar contínuo da crítica e dos apontadores de falhas cai sobre a grande rocha do seu coração, aparentemente sem qualquer sucesso, dia após dia. Então, sem qualquer aviso, uma simples gota cai sobre ele e o despedaça.

POR QUE DEUS PERMITE ESSAS COISAS?

Vejo que existem três princípios invariáveis operando nesta questão:

1. Deus Permite que a Derrota Venha depois da Vitória.

Davi feriu seus dez milhares, mas a Palavra de Deus declara que ele ficou debilitado na batalha. Jacó lutou a noite inteira, mas se apoiou em seu cajado na manhã seguinte. Elias pediu fogo do céu e levou Satanás a fugir, e o ribeiro ficou tinto de vermelho com o sangue dos falsos profetas. Observe-o no dia seguinte: ele não se vangloria dos seus feitos, mas veja-o com o rosto no chão, ouça-o clamando por livramento. É o equilíbrio de Deus! É o método de Deus para diminuir Seus servos diante d'Ele, humilhando-os sob Sua poderosa mão, a fim de poder exaltá-los de novo no tempo devido. Parece haver um tempo para vitória e um tempo também santificado para derrota aparente. Digo "aparente" porque isso só é assim aos olhos indisciplinados da carne. Esta não pode ver que o homem de Deus está na Escola da Disciplina e na fornalha visando ao aperfeiçoamento, que ele está na roda para ser feito um vaso novo[II]. Somente a fé pode entender isso. Leia João 16.20-22 e observe a regra imutável de Deus: tristeza antes da alegria. Ele deve se ocultar para que Sua revelação seja mais gloriosa.

2. A Vitória geralmente É Precedida por Derrota Esmagadora

Muitas vezes ele deve ficar na divisa de Canaã e se enxergar como um gafanhoto aos seus próprios olhos, chegando a tremer de medo; mas outro dia vem e, correta e adequadamente humilhado, ele avança em

---

[II] Jeremias 18.

vitória. Ele contempla uma Nínive e está pronto para fugir, como Jonas, se apenas um navio conveniente se posicionar e levá-lo tranquila e sossegadamente para alguma Társis longínqua. Ele paga a passagem em derrota e desânimo e é levado de volta pelo ventre do grande peixe em vergonha, e vomitado das suas circunstâncias no colo da vontade de Deus para entregar uma cidade em Suas mãos.

3. Elas São Necessárias para Aprendermos a Levar as Cargas dos Outros

Assim nos assegura nosso irmão Pedro: provas ardentes, várias opressões, grandes tentações, se "necessário" for. Sim, louvado seja Deus, o homem que Deus usa deve ter um espinho, de tempo em tempo, para impedir que ele se exalte acima da medida. Você, a quem ele ministra, teria uma tendência para exaltá-lo acima da medida se Deus não permitisse a você ver que ele é também um homem com as mesmas paixões. Você é levado à oração pelas fragilidades daquele que você imaginava ser forte. Você sente fortemente a necessidade de vigiar em oração pelo seu próprio bem-estar e teme que, se o pastor falha, as ovelhas também podem cair da sua própria firmeza. Essas ocasiões são necessárias para podermos levar as cargas uns dos outros.

O homem de Deus recebe a revelação das coisas de Cristo de tempos em tempos. Paulo disse que a abundância das revelações garantiu a ele um constante mensageiro de Satanás para esbofeteá-lo e humilhá-lo. Oh, louvado seja Deus por esses mensageiros da misericórdia e joias da Sua graça! Estes, que transmitem os oráculos de Deus, devem primeiro ser esvaziados dos seus próprios projetos. Estes, que devem ser vasos de glória, devem ser quebrados frequentemente na roda do oleiro. Se um homem quer ser guiado pelo Espírito, ele tem necessidade de ser tentado pelo diabo, como nosso bendito Senhor o foi. Aquele que deve ser elevado ao terceiro céu da revelação precisa ser levado aos limites dos seus próprios recursos por um espinho na carne. Aquele que deve vigiar as ovelhas de Cristo deve compartilhar do amor do Pastor que disse: "Dou a Minha vida pelas Minhas ovelhas" (Jo 10.15). Embora haja sofrimento, não pode ser comparado com a glória que será revelada em nós. Embora participe por um momento da comunhão do sofrimento de Jesus, o que virá depois será o poder da Sua ressurreição. Mesmo que ele, como Pedro, esteja por algum tempo em grande opressão e muitas tentações, isso será seguido por alegria indescritível e cheia de glória. Embora seu mundo esteja afundado num dilúvio de quarenta dias e noites, haverá um arco na nuvem, Deus se lembrará da Sua aliança e ele descansará em terreno mais santo. Ele é mais do que vencedor por meio d'Aquele que o amou. As doces palavras de promessa de Jesus expurgam suas dores numa santa inundação de alegria: "Bem-aventurados os que choram, porque serão consolados" (Mt 5.4).

Ouça a conclusão de todo o assunto nas palavras que Paulo usa para falar livremente do seu próprio ministério: "Temos, porém, este tesouro em vasos de barro, para que a excelência do poder seja de Deus e não de nós. Em tudo somos atribulados, porém não angustiados; perplexos, porém não desanimados; perseguidos, porém não desamparados; abatidos, porém não destruídos; levando sempre no corpo o morrer de Jesus, para que também a sua vida se manifeste em nosso corpo. Porque nós, que vivemos, somos sempre entregues à morte por causa de Jesus, para que também a vida de Jesus se manifeste em nossa carne mortal. De modo que, em nós, opera a morte, mas, em vós, a vida" (2 Co 4.7-12).

O CHAMADO DE DEUS

Watchman Nee

*"**Watchman Nee** é universalmente reconhecido como um dos ministros mais influentes da Palavra de Deus no século 20 e, consequentemente, está entre os mais qualificados na história da Igreja para discorrer sobre os principais temas, tais como o ministério da Palavra de Deus."*

Christian Chen*

---

* Extraído de seu prefácio à obra *O Ministério da Palavra de Deus*, publicada por esta editora.

Extraído do livro *O Ministério da Palavra de Deus*, traduzido do original em inglês *The Ministry of God´s Word*.

Copyright © 1971 Christian Fellowship Publishers, Inc.

Copyright © 2002 Editora dos Clássicos

Tradução: Josué Ribeiro

Nenhum mestre tem tantos servos como o nosso Mestre, e para cada um Ele tem um trabalho adequado. Para José, Ele tinha uma tarefa específica: salvar Israel da fome. Samuel apareceu na hora determinada para o trabalho especial de pôr de lado o sacerdote em favor do rei, embora, mais tarde, Elias apareça para pôr de lado o rei em favor do profeta. A pequena serva estava por perto para dar testemunho para Naamã quando ele estava em necessidade. Até um jumento estava pronto para levar Jesus para Jerusalém.

Muitos murmuram contra a posição que Deus lhes deu ou contra a tarefa que Ele lhes confiou no Corpo. Querem fazer isso, mas Deus os coloca para fazer aquilo. Têm uma ambição para servi-lO aqui, mas Seu plano para eles está em outro lugar. Quando estamos diante de tais visíveis contratempos, é bom lembrar que o propósito de Deus para nós em Sua Igreja vem antes de nossa conversão, pois Sua presciência tem preparado as nossas circunstâncias e estabelecido o nosso caminho mesmo antes do nosso nascimento. Isaías foi escolhido desde o nascimento; Saulo de Tarso, "desde o ventre"; Jeremias, ainda antes – antes de ser formado no ventre. É verdade que o caso de Saulo estarreceu Ananias, em vista do que ele havia ouvido dos outros sobre este "instrumento escolhido"! Mas toda a estrada é maravilhosamente preparada por Deus para os Seus servos. Ele determina de quem seremos filhos, embora, muitas vezes, podemos pensar que nascemos na família errada! Alguns de nós aprovam os pais, mas gostariam, talvez, de trocar de irmãos ou irmãs, ou os outros parentes! Porém José disse: "Deus me enviou adiante de vós, para conservar a vida". Se não temos visto a mão de Deus em nossas escolhas, perdemos uma grande oportunidade de render-Lhe louvor.

    A obra de Davi começou com Golias, mas ele já havia aprendido a lição no tempo em que era pastor. "O Senhor me livrou das garras do leão..." (1 Sm 17.37), ele pôde dizer. Pedro era um pescador acostumado a puxar a rede. Talvez, por essa razão, ele pudesse entender o "grande lençol" em Jope. Paulo conheceu Áquila e Priscila por causa de sua habilidade de fazer tendas. Não havia necessidade de alguém, que não tinha esse ofício, adquiri-lo para ajudar essas duas pessoas a tornarem-se, como se tornaram, cuidadosos expoentes do caminho de Deus. E, em uma época de decadência em Éfeso, havia um Timóteo por perto que, desde criança, conhecia os textos sagrados.

Deus nunca faz uma coisa repentinamente; Ele sempre a tem preparado há muito tempo. Por isso, não há nada do que murmurar, nada do que se orgulhar, no chamado de Deus. Não há também ninguém de quem ter ciúmes, pois as vantagens das outras pessoas nada têm a ver conosco. "... não depende de quem quer ou de quem corre, mas de usar Deus a sua misericórdia" (Rm 9.16). A nossa herança, o nosso nascimento, o nosso equipamento natural são coisas já determinadas por Deus. Podemos escolher outras coisas no caminho, pois estamos sempre aprendendo; mas o caminho é o caminho de Deus. Quando fazemos uma retrospectiva de nossa vida, nós nos curvamos e reconhecemos que tudo foi preparado por Deus. Não há necessidade de temer que percamos alguma coisa. Descansar é *isto*: ter essa atitude de coração.

Deus é um Deus que opera, e Ele começou a operar há muitos anos. Quando Ele quer um tipo especial de servo, ou quando a Igreja precisa de um tipo especial de ajuda, Deus está pronto. Ele nunca Se depara com uma emergência. Na história de Seus filhos, Sua mão está em toda parte. Cada um de nós diria, se pensássemos por um instante: "Por toda a minha vida, a graça de Deus esteve comigo". As palavras de Paulo, apesar de usadas, é verdade, em outra relação, resumem com eficiência essa atitude para com a providência de Deus: "Cada um permaneça na vocação em que foi chamado" (1 Co 7.20). Quando vemos o propósito de Deus, palavras como essas podem assumir um amplo significado. Deus chamou a cada um de nós e está nos preparando para tarefas que só Ele conhece. "Prossigo", diz Paulo em outra passagem, "para conquistar aquilo para o que também fui conquistado por Cristo Jesus" (Fp 3.12).

O ESPÍRITO DA VERDADE

Por fim, gostaria de falar um pouco mais sobre a obra do Espírito Santo. Nos capítulos anteriores, principalmente durante a discussão do ministério de Paulo, falamos frequentemente da necessidade de uma revelação das coisas divinas. Por mais de uma vez dissemos que é essencial ver o propósito de Deus, ver a Pessoa e a obra de Cristo, ver a Igreja, o Corpo de Cristo. A isso alguns leitores talvez sejam tentados a responder, com relação a uma ou outra dessas coisas: "Não vejo isso. O que você sugere que eu faça?".

Para responder eu poderia, mais uma vez, apontar para o Espírito da verdade, lembrando novamente que Ele é uma Pessoa, que está perto – que habita agora dentro do nosso coração –, pronta para ajudar a cada um de nós em nossas necessidades. É o apóstolo João que nos diz como, em um momento de grande mistificação para os discípulos, Jesus garantiu-lhes a vinda do Espírito Santo, para testificar d'Ele e guiá-los em toda a verdade.

Quer seja para a primeira revelação ao nosso coração das coisas divinas, ou em meio à disciplina que deve seguir antes que essas coisas divinas se tornem verdadeiramente parte de nós, descobriremos que é necessário recorrer vez por outra a este gracioso Ajudador de nossas debilidades. É tão somente por meio de Sua revelação que contemplamos as realidades espirituais; é por meio de Sua amorosa disciplina que entramos nessas realidades. Pela primeira, Ele abre a porta para o progresso; pela última, Ele nos conduz na vereda do progresso. A primeira é o fundamento; a última, a superestrutura. Sem a revelação feita pelo Espírito não podemos iniciar o curso, mas sem a disciplina do Espírito não podemos concluí-lo. Esses dois aspectos da obra do Espírito são igualmente essenciais, mas, por ambos, podemos seguramente confiar n'Ele.

O Pai concebeu um plano; o Filho o cumpriu; agora é o Espírito que comunica para nós o que o Filho fez por nós. Prontamente reconhecemos a consumação da obra do Filho, quando Ele disse: "Está consumado!", e Se assentou à direita da Majestade, nas alturas. Porém, se não duvidamos que o Filho aperfeiçoou a obra confiada a Ele pelo Pai, por que, então, duvidamos que o Espírito aperfeiçoará a obra confiada a Ele pelo Filho?

A obra do Filho é tão compreensiva quanto a obra do Pai. Não vai nem um pouco além dela, nem um pouco abaixo dela. Tão grande quanto a obra do Pai é a obra do Filho; e tão grande quanto a obra do Filho é a obra do Espírito. Não há nenhuma porção da obra consumada pelo Filho por nós que não será consumada pelo Espírito em nós. Toda a plenitude da realidade espiritual que está em Cristo será acrescentada a nós pelo Espírito de Cristo. Dele mesmo, Jesus disse: "Eu sou a Realidade", e do Espírito: "Ele vos guiará a toda a Realidade". A questão que diz respeito a entrar em toda a plenitude da realidade espiritual não está, portanto, conosco, mas com o Espírito. Não é uma questão de nossa capacidade, ou de nossa habilidade, mas da total fidelidade do Espírito Santo de Deus. Podemos confiar que Ele fará toda a obra que Lhe foi confiada pelo Filho? Devemos aprender a confiar n'Ele. Devemos aprender a confiar em Sua dupla palavra: primeiro, a de revelar-nos a natureza e as dimensões da realidade divina e, segundo, de levar-nos a cada parte da realidade que Ele revelou.

À medida que olhamos ao redor, não podemos deixar de observar uma terrível perda na experiência de muitos cristãos. Não há nada na vida deles que indique plenitude. Eles não têm o suficiente para suas próprias necessidades, muito menos algo de sobra para os outros. Por que eles são tão pobres? Não será porque não conhecem a disciplina do Espírito? O salmista diz: "Na angústia, me deste largueza[1]" (Sl 4.1). O objetivo de toda a angústia é conduzir-nos à largueza. Tiago fala algo semelhante em sua epístola: "Não escolheu Deus os que para o mundo são pobres, para serem ricos em fé...?" (Tg 2.5). O objetivo da pobreza temporal é o enriquecimento eterno. Deus nunca teve a intenção de que essa angústia e pobreza não resultassem em nada. Seu objetivo é que toda a angústia leve à expansão, e toda a pobreza, ao enriquecimento. A meta de Deus para o Seu povo não é a constante dificuldade nem a constante pobreza, pois a dificuldade e a pobreza nunca são um fim; são só os meios usados por Deus para chegar ao fim. A dificuldade é o caminho que leva à expansão; a pobreza, o caminho que leva à riqueza.

Leia novamente o capítulo 21 de Apocalipse. Que descrição temos ali da plenitude! Você pode ficar muito tempo no livro de Apocalipse e, mesmo assim, não entender muito o seu significado, mas certamente não deixará de entender uma coisa: que o capítulo 21 fala de uma riqueza, uma abundância, uma glória, que esta terra jamais conheceu, nem mesmo nos fabulosos dias de Salomão. Quando as ruas da terra alguma vez foram feitas de ouro? Quando este mundo não precisou do sol para

---

[1] O autor usou a versão de J. N. Darby, em inglês. Em português, a versão mais aproximada, utilizada nesse versículo, é a Almeida, Corrigida e Fiel.

iluminá-lo? Que riquezas! Que esplendor! Nunca o império terreno foi tão próspero e tão radiante como a Nova Jerusalém. E que alcance! Nunca se viu em uma cidade na terra uma centésima parte da escala desta. E aquele que vencer, é-nos dito, herdará essas coisas!

Alguns perguntaram por que, no novo céu e na nova terra, lemos a respeito de Deus e do Cordeiro, mas não encontramos menção do Espírito Santo. Sem dúvida, a resposta é que assim como hoje Cristo terminou Sua obra, e o resultado dessa obra é visto na Igreja, naquele dia o Espírito Santo terá terminado a Sua obra, e o resultado dessa obra será visto na Nova Jerusalém, pois tudo que há lá é real – o Espírito terá concluído tudo aquilo que veio fazer. Quando tocamos a Igreja hoje, tocamos Cristo; mas não será menos verdadeiro que, quando você tocar a Cidade, tocará o Espírito de Cristo. Ali a Igreja será cheia do Espírito de Deus em Sua sétupla plenitude; ali, como a Cidade, ela manifestará em si mesma a obra do Espírito na íntegra, pois será santa, como seu Senhor.

Porém, como a Igreja alcançará esse objetivo? Somente atravessando o caminho que vai da angústia ao alívio, da pobreza ao enriquecimento. Você pergunta: o que você quer dizer com alívio por meio da angústia? Quando os três são fechados dentro de uma fornalha e os três se tornam quatro, isso é alívio por meio da angústia. Alguns consideram a fornalha como um lugar apertado para três, por isso eles procuram um meio de escape; outros aceitam a limitação e, ao aceitarem-na, dão lugar a um Quarto. Não deixar que as dificuldades nos afastem de Deus, mas deixar que elas nos prendam a Ele, isso é alívio por meio da angústia. Para Paulo e Silas, as portas da prisão só puderam afastar o mundo e prendê-los a Deus; assim, a prisão deles, em vez de limitá-los, os liberou para uma plenitude maior. Deus permitiu que provação sobre provação angustiasse Jó, mas as suas provações só fizeram-no avançar rumo ao objetivo de Deus. Para João, na ilha do testemunho, o próprio Senhor ressurreto abriu a porta e mostrou-lhe a gloriosa consumação de todas as coisas. Alguns, por meio da angústia, alcançam o objetivo de Deus; outros chegam a um fim na angústia. Alguns morrem na dificuldade; outros, por meio dela, encontram a plenitude de vida. Alguns murmuram quando lhes sobrevêm provações e encontram nelas só limitação, restrição e morte; outros louvam a Deus nas provações e encontram nelas o caminho para o alívio, a liberação e a abundância de vida.

Muitos cristãos são tão pobres que nem mesmo têm o suficiente para suprir suas próprias necessidades. Pobre daquele que se aproxima deles em busca de ajuda! Outros cristãos são tão ricos que não conseguem avaliar sua riqueza. Você nunca se depara com uma dificuldade que eles já não tenham suprido; você nunca se encontra em uma situação em que eles são incapazes de ajudar. Eles têm muitos recursos para suprir as exigências de todos que se aproximam deles em necessidade. Muitos cristãos não vão à falência de vez porque estão sendo ministrados por outros que, continuamente, investem suas riquezas no Corpo. Tais cristãos mal fazem ideia do quanto devem aos outros cristãos, alguns dos quais eles até poderiam ser tentados a desprezar. Pode ser que, quando um amigo chega de uma viagem e espera receber um pão de nossa parte, o Senhor permita que procuremos um vizinho para conseguir algo para oferecer a eles; mas pode ser que Ele nos diga: "Dai-lhes vós mesmos de comer".

A pobreza e a dificuldade espiritual são dois dos maiores problemas na Igreja, mas a pobreza é o efeito, não a causa, e a dificuldade é o efeito, não a causa. A causa da pobreza e da dificuldade é a falta da disciplina do Espírito. Aqueles que são ricos e aqueles que são aliviados são, e só eles, os que experimentaram tal disciplina. Passaram por águas profundas e têm uma história espiritual com Deus, pois sofreram por causa do Corpo. Suas enfermidades, seus problemas domésticos, suas adversidades foram para o crescimento de Cristo em Seu povo. Aqueles, por outro lado, que se esquivam de tais disciplinas, escolhendo, em vez disso, a vida de tranquilidade e conforto no caminho da prosperidade, são os que estão na dificuldade e em uma terrível pobreza. Os pobres e necessitados aproximam-se deles à procura de ajuda em vão. Eles não têm em abundância.

Você acha que a pregação não passa de uma pregação? Você acha que o ministério não passa de um ministério? Acredite, não é isso. Servir a Deus não é só uma questão de palavras ou obras, mas da extensão daquilo pelo qual você passou. Se o Espírito nunca tiver permissão para inquietá-lo, você será condenado à pobreza por toda a vida. Você jamais conhecerá a bênção de atrair a plenitude do Senhor, não para si mesmo, mas para os outros. E isso é ministério.

O Apocalipse espera a disciplina. É a nossa aceitação da disciplina do Espírito que abre o caminho para que Ele revele para nós as realidades que estão em Cristo e nos leve a elas. Evitar essa disciplina é negar-Lhe a oportunidade de fazer isso. A cada dia Deus está procurando oportunidades para aliviar-nos, mas quando as dificuldades surgem, nós as evitamos, quando as provações vêm, fugimos delas. Mas que perda para nós mesmos! E que perda para o povo de Deus! Sem dúvida não há como fugir do castigo divino que nos sobrevém quando, deliberadamente, saímos da vontade do Senhor; isso é algo diferente, que tem por objetivo a nossa correção e cura. Não podemos escapar disso, mas podemos, se quisermos, desviar-nos das disciplinas criativas do Espírito. Se, todavia, estivermos dispostos a submeter-nos ao Seu tratamento, Ele cuidará de nós e nos levará ao objetivo de Deus. Estamos dispostos a dizer: "Senhor, beberei do cálice que Tu deste às últimas escórias; carregarei a cruz e não procurarei descanso no fel ou no vinagre"? A total consagração do Seu povo permitirá que Deus faça tudo o que está em Seu coração que Ele intentou para eles! Isso levará à plenitude, à plenitude da Nova Jerusalém. Não há nenhum pedacinho de ouro naquela Cidade que não tenha sido provado na fornalha; nem uma pedra preciosa que não tenha passado pelo fogo; nem uma pérola que não tenha sido produzida pelo sofrimento.

Quando Pedro fez sua pergunta a Jesus sobre João, qual foi a resposta do Senhor? "Se eu quero que ele permaneça até que eu venha, que te importa?" (Jo 21.22). Até que eu venha! O ministério do Espírito da verdade apresentado por João continuará até que a história tenha um fim; nada pode detê-lo. O propósito de Deus em Sua Igreja irá cumprir-se; jamais poderá ser frustrado. A visão da Cidade Santa, preparada como uma noiva adornada para o seu marido, infalivelmente se cumprirá, e nós a veremos. Ninguém poderá tocar nisso "até que eu venha"; está determinado no céu.

Não nos colocaremos, portanto, nas seguras mãos do nosso Pai, para que Ele possa dirigir a nossa vida como bem entender? Ele terá o cuidado de ver que a obra transformadora do Espírito Santo dentro de nós não é menos perfeita, menos certa, do que a redenção antes realizada em nosso favor por Seu amado Filho.

CHAMADO DO ALTO

Autor conhecido somente por Deus

El Llamado de lo Alto

© 2000 CCC Edições

Traduzido do espanhol de um folheto encontrado na Colômbia, sem qualquer outra informação a não ser esta: *Autor conhecido somente por Deus.*

Tradução: Gerson Lima

Se Deus tem chamado você para que seja verdadeiramente como Jesus com todas as forças de seu espírito, Ele estimulará você para que leve uma vida de crucificação e de humildade, e exigirá tal obediência que você não poderá imitar aos demais cristãos, pois Ele não permitirá que você faça o mesmo que fazem os outros, em muitos aspectos.

Outros, que aparentemente são muito religiosos e fervorosos, podem ter a si mesmos em alta estima, podem buscar influência e ressaltar a realização de seus planos; você, porém, não deve fazer nada disso, pois se tentar fazê-lo, fracassará de tal modo e merecerá tal reprovação por parte do Senhor, que você se converterá em um penitente lastimável.

Outros poderão fazer alarde de seu trabalho, de seus êxitos, de seus escritos, mas o Espírito Santo não permitirá a você nenhuma dessas coisas. Se você começar a proceder dessa forma, Ele o consumirá em uma mortificação tão profunda que você depreciará a si mesmo tanto quanto a todas as suas boas obras.

A outros será permitido conseguir grandes somas de dinheiro e dar-se a luxos supérfluos, porém Deus só proporcionará a você o sustento diário, porque quer que você tenha algo que é muito mais valioso que o ouro: uma absoluta dependência Dele e de Seu invisível tesouro.

O Senhor permitirá que os demais recebam honras e se destaquem, enquanto mantém você oculto na sombra, porque Ele quer produzir um fruto seleto e fragrante para Sua glória vindoura, e isso só pode ser produzido na sombra.

Deus pode permitir que os demais sejam grandes, mas você deve continuar sendo pequeno; Deus permitirá que outros trabalhem para Ele e ganhem fama, porém fará com que você trabalhe e se desgaste sem que saiba sequer quanto está fazendo. Depois, para que seu trabalho seja ainda mais valioso, permitirá que outros recebam o crédito pelo que você faz, com o fim de lhe ensinar a mensagem da cruz: a humildade e algo do que significa participar de Sua natureza. O Espírito Santo manterá sobre você uma estrita vigilância e, com zeloso amor, lhe reprovará por suas palavras, ou por seus sentimentos indiferentes, ou por malgastar seu tempo, coisas essas que parecem não preocupar aos demais cristãos.

Por isso, habitue-se à ideia de que Deus é um soberano absoluto que tem o direito de fazer o que Lhe apraz com os que Lhe pertencem, e que não pode explicar-lhe a infinidade de coisas que poderiam confundir sua mente pelo modo como Ele procede com você. Deus lhe tomará a palavra; e se você se vende para ser Seu escravo sem reservas, Ele o envolverá em um amor zeloso que permitirá que outros façam muitas coisas que a você não são permitidas. Saiba-o de uma vez por todas: você tem de se entender diretamente com o Espírito Santo acerca dessas coisas, e Ele terá o privilégio de atar sua língua, ou de colocar algemas em suas mãos ou de fechar seus olhos para aquilo que é permitido aos demais. Entretanto, você conhecerá o segredo do reino. Quando estiver possuído pelo Deus vivo de tal maneira que se sinta feliz e contente no íntimo de seu coração com essa peculiar, pessoal, privada e zelosa tutoria e com esse governo do Espírito Santo sobre sua vida, então, haverá encontrado a entrada dos céus, o chamado do alto, de Deus.

PRECISAMOS DE HOMENS DE DEUS NOVAMENTE

A. W. Tozer

Aiden Wilson Tozer *nasceu na Pennsylvania, em 1897. Embora tenha morrido em 1963, sua vida e legado espiritual continuam atraindo milhares para um conhecimento mais profundo de Deus.*

Tozer tomou um caminho na vida espiritual que poucos tentaram, caracterizado por uma perseguição inexorável e amorosa de Deus. Ele desejou saber mais do Salvador, como servi-lO e adorá-lO com todo o seu ser, e chamou os cristãos para voltarem à posição autêntica e bíblica que caracterizou o início da Igreja, uma posição de fé e santidade profundas.

Tozer pastoreou várias igrejas da Aliança Cristã e Missionária, foi autor de mais de quarenta livros e serviu como editor da Alliance Life (Vida de Aliança), a publicação mensal da ACM. Embora não tenha recebido educação teológica formal, suas obras são admiráveis e profundas. A presença de Deus era a sua sala de aula, seus cadernos e ferramentas mesclavam-se com a oração e seus mestres foram os Puritanos e os grandes homens de fé.

Tozer converteu-se aos dezessete anos, ganhando uma fome e sede insaciáveis por Deus. Uma área vazia no porão da casa da família se tornou o refúgio onde podia orar e meditar na bondade de Deus. Ele escreveu: "Descobri que Deus é sincero e generoso e, em todos os sentidos, é fácil viver com Ele".

Dinheiro era extremamente difícil nos primeiros dias do seu ministério. A família Tozer fez um pacto de confiar em Deus para todas as suas necessidades, apesar das circunstâncias. Tozer nunca abriu mão desse princípio. Dizia-se que se ele tivesse comida, roupas e seus livros, estava contente. A família nunca teve carro; ele optou por ônibus e trem para viajar. Até mesmo depois de se tornar um autor famoso, ele destinou muito de seus direitos autorais para os que estavam em necessidade.

A mensagem dele era tanto cheia de frescor quanto inflexível. O único propósito de sua vida era conhecer Deus pessoalmente, e ele encorajou outros a fazer o mesmo. Ele rapidamente descobriu que uma relação profunda e permanente com Deus era algo que tem de ser cultivado.

Enquanto pastoreava uma igreja em Indianápolis, Tozer notou que seu ministério estava mudando. Apesar de não se afastar do tema do evangelismo, Deus começou a conduzi-lo a registrar seus pensamentos em papel. A mudança, na verdade, revelou o escritor prolífico.

Em 1928, Tozer aceitou um chamamento para ser pastor do Southside Gospel Tabernacle, em Chicago, onde permaneceu por trinta anos. A igreja cresceu; missões e a vida mais profunda em Jesus Cristo eram seus dois focos primári os. "Os sermões de Tozer nunca eram rasos", escreveu Snyder, autor de uma biografia dele. "Havia pensamentos sérios atrás deles, e ele forçava os ouvintes a pensar com ele. Ele teve a habilidade de fazer seus ouvintes encararem-se à luz do que Deus estava dizendo a eles. O irreverente não gostava de Tozer; o sério que queria saber o que Deus estava lhe dizendo o amava."

Tudo o que Tozer ensinou e pregou saiu do tempo em que ele passou em oração com Deus. Era quando deixava o mundo e sua confusão lá fora e focalizava sua atenção só em Deus. "Nossas atividades religiosas deveriam ser ordenadas de tal modo a sobrar bastante tempo para o cultivo dos frutos da solidão e do silêncio", escreveu Tozer.

Cedo em seu ministério ele percebeu que era chamado para um tipo diferente de devoção, que exigia um esvaziar do ego e uma fome por ser enchido até transbordar com o Espírito de Deus. Essa devoção o consumiu ao longo de sua vida.

Certo autor disse de Tozer: "Eu temo que nós nunca vejamos outro Tozer. Homens como ele não são gerados na faculdade, mas ensinados pelo Espírito".

A. W. Tozer morreu numa segunda-feira, 12 de maio de 1963, quase uma semana depois de pregar seu último sermão. A procura havia acabado, e o destino, alcançado. Um epitáfio simples marca sua sepultura em Akron, Ohio: A. W. Tozer – Um Homem de Deus.

A maravilhosa procura por Deus é mais que um legado. É um modo de vida passado a nós para que também experimentemos o que A. W. Tozer viveu. Você começou sua pro cura por Deus?

Traduzido do original em inglês *The Best of A. W. Tozer*, vol. II, de Warren W. Wiersbe.

© 1980 Christian Fellowship Publishers, Inc.

© 2001 Editora dos Clássicos

Tradução: Valéria Lamim Delgado Fernandes

A Igreja, neste momento, precisa de homens, do tipo certo de homens, de homens com ousadia. A questão é que precisamos de um reavivamento, precisamos de um novo batismo do Espírito – e Deus sabe que precisamos de ambos; no entanto, Deus não reavivará ratos. Ele não encherá coelhos com o Espírito Santo.

Ansiamos por homens que queiram se consumir na guerra da alma e não se assustem com as ameaças de morte porque já morreram para os prazeres deste mundo. Esses homens serão livres das compulsões que dominam os mais fracos. Não serão forçados a fazer coisas por causa da pressão das circunstâncias; sua única compulsão virá do seu íntimo – ou do alto.

Esse tipo de liberdade é necessário se quisermos ter novamente profetas em nossos púlpitos em vez de mascotes. Esses homens livres servirão a Deus e à humanidade por razões bastante nobres para serem entendidas pela posição e destaque de oficiais religiosos que hoje entram e saem do santuário. Não tomarão decisões por causa do medo, não mudarão o curso da História por causa de um agrado, não aceitarão nenhum trabalho por conta de retornos financeiros, não farão atos religiosos por mero costume, nem permitirão que sejam influenciados pelo amor à notoriedade ou pelo desejo de ter reputação.

Grande parte do que a Igreja – até a igreja evangélica – está fazendo nestes dias se deve ao receio que ela tem de não fazer. Parcerias ministeriais fazem projetos por nenhuma razão mais elevada do que a de estarem com medo. Elas estarão fazendo na próxima segunda-feira de manhã, com todos os tipos de entusiasmo forjado e aparência de religiosidade, o que quer que seu reconhecimento, atento à opinião pública e inspirado no medo, as leve a acreditar que o mundo espera que façam. É a pressão da opinião pública, não a voz de Jeová, que chama esses profetas.

A verdadeira Igreja nunca despertou as expectativas do público antes de iniciar suas cruzadas. Seus líderes ouviam a voz de Deus e seguiam em frente independentemente do apoio popular ou da necessidade que tinham desse apoio. Conheciam a vontade do Senhor e a faziam, e seu povo os seguia – às vezes, rumo à vitória, mas frequentemente rumo aos insultos e à perseguição pública –, e, como recompensa, bastava-lhes ter a satisfação de estar certo em um mundo errado.

Outra característica do verdadeiro profeta era o amor. O homem livre que aprendeu a ouvir a voz de Deus e teve coragem de obedecer a ela sentiu o encargo moral que irrompeu do coração dos profetas do Antigo Testamento, que oprimiu a alma de nosso Senhor Jesus Cristo e arrancou rios de lágrimas dos olhos dos apóstolos.

O homem livre nunca foi um tirano religioso nem tentou apossar-se da herança de Deus. É o medo e a falta de autoconfiança que levaram homens a tentar esmagar outros sob seus pés. Estes tinham algum interesse a proteger, alguma posição a manter; assim, exigiam submissão de seus seguidores como garantia de sua própria segurança. Mas o homem livre – nunca; ele não tem nada a proteger, nenhuma ambição a alcançar e nenhum inimigo a temer. Por essa razão, não se preocupa nem um pouco em estar entre os homens. Se eles o seguirem, muito bem; do contrário, ele não perde nada que lhe seja de valor. Mas, quer seja aceito ou rejeitado, ele continuará a amar seu povo com sincera devoção. E apenas a morte poderá silenciar sua zelosa intercessão a favor deles.

Sim, se o cristianismo tem de permanecer vivo, ele deve ter novamente o tipo certo de homens. Deve repudiar os fracos que não têm ousadia para falar e pedir em oração, e com muita humildade, que homens do tipo que foram os profetas e os mártires se levantem novamente. Deus ouvirá os clamores de seu povo como ouviu o clamor de Israel no Egito. E fará vir a libertação enviando libertadores. É o caminho de Deus entre os homens.

E quando surgirem os libertadores – reformadores, reavivalistas, profetas –, eles serão homens de Deus e homens de coragem. Terão Deus do seu lado porque terão cuidado em ficar do lado de Deus. Serão colaboradores com Cristo e instrumentos nas mãos do Espírito Santo. Esses homens serão realmente batizados com o Espírito e, por meio de suas obras, batizarão outros e farão vir o reavivamento há muito protelado.

TORNA-ME UM CATIVO, SENHOR

George Matheson

O Pregador Cego, como era conhecido, nasceu em Glasgow, Escócia, em 27 de março de 1842, filho de um abastado empresário. **George Matheson** sofreu uma crescente perda da visão desde sua meninice e ficou completamente cego com cerca de dezoito anos. Ao saber disso, sua noiva, a quem ele muito amava, desistiu de casar-se com ele. Sua irmã mais velha escrevia os artigos e sermões que ele lhe ditava; escreveu centenas de artigos e livros com a ajuda de uma secretária e, mais tarde, em braile. Ele é o autor do famoso hino *Amor que não me Largas Nunca*, que foi escrito em cinco minutos e não exigiu nenhum retoque.

Apesar de sua cegueira, mostrou-se aluno brilhante, tanto nas academias como na Universidade de Glasgow. Licenciado ministro da Igreja Livre da Escócia (Presbiteriana), tornou-se assistente na Igreja Sandyford. Mais tarde, assumiu o pastorado na Igreja de Clyeside, em Innellan, condado de Arvallshire, ali ministrando por dezoito anos.

Em 1886, Matheson aceitou o pastorado da Igreja São Bernardo, uma igreja de 2.000 membros, em Edimburgo, capital, tornando-se altamente respeitado e amado, servindo até 1899, quando sua precária saúde o forçou a se aposentar. Muito conhecido, Matheson foi um dos mais destacados ministros escoceses dos seus dias. A Universidade de Edimburgo lhe conferiu o doutorado em Divindade em 1879 e a universidade de Aberdeen o doutorado em Letras (ambos honoris causa), em 1902.

O Dr. Parkhurst, famoso pregador de Nova Iorque, descreveu Matheson depois de uma visita a sua igreja:

> "A união da imaginação e razão na sua pregação e a profundeza da sua teologia fazem o seu ministério ter grande e viva influência, especialmente entre os jovens. Ele entra no púlpito (...). Tem o rosto e porte do General Grant (famoso general da Guerra Civil, e então Presidente dos Estados Unidos), mas é mais alto.
>
> Com olhos abertos naturais, ninguém adivinharia que é cego. (...) Quarenta minutos ele prega e somos instruídos, restaurados e inspirados".

Matheson escreveu muitos livros teológicos e devocionais e um livro de hinos denominado Sacred Songs (Cânticos Sacros), em 1890. Ao menos dois desses hinos foram traduzidos para o português e um deles, "Torna-me um Cativo, Senhor", muito profundo, apresenta este enigma: a vitória real vem por meio de rendição incondicional.

Traduzido do original em inglês *Made me a Captive, Lord*.

Tradução: Revista À Maturidade, número 22, verão de 1992.

(Obra Cristã À Maturidade - Belo Horizonte - MG)
Publicado com a devida autorização.

TORNA-ME UM CATIVO, SENHOR

Torna-me um cativo, Senhor,

e, então, livre serei.

Força-me a render minha espada,

e conquistador serei.

Eu me afundo nos temores da vida

quando sozinho fico;

aprisiona-me em Teus braços,

e forte será minha mão.

Meu coração será fraco e pobre

até encontrar o seu mestre;

não procede dele nenhuma ação confiável;

ele varia com o vento.

Ele é incapaz de se mover livremente

enquanto Tu não forjares grilhões para ele;

escraviza-o com Teu amor inigualável,

e imortal ele reinará.

Meu poder será débil e tímido,
enquanto eu não aprender a servir;
ele carece do fogo necessário para brilhar,
e da brisa para revigorar-se.
Meu poder não pode conduzir o mundo
até que ele mesmo seja conduzido;
a bandeira de meu poder só pode ser desfraldada
quando soprares do céu.

Minha vontade não é minha própria,
até que a tornes Tua;
se ela subisse ao trono de um monarca,
ela teria de resignar a sua coroa.
Minha vontade só fica firme,
em meio à estrondosa luta,
quanto em Teu peito se apoia
e descobre sua vida em Ti.